古代美術史研究

二 編

第 6 冊

戰國玉器研究

俞 美 霞 著

花木蘭文化出版社

國家圖書館出版品預行編目資料

戰國玉器研究／俞美霞 著 — 初版 — 新北市：花木蘭文化出
版社，2017〔民106〕
序 4+ 目 20+222 面；19×26 公分
（古代美術史研究 二編；第 6 冊）
ISBN 978-986-404-966-0（精裝）
1. 古玉 2. 戰國時代
618   106001492

ISBN-978-986-404-966-0

9 789864 049660

古代美術史研究
二 編　第 六 冊　　　　　ISBN：978-986-404-966-0

戰國玉器研究

作　　者　俞美霞
總 編 輯　杜潔祥
副總編輯　楊嘉樂
編　　輯　許郁翎、王筑　美術編輯　陳逸婷
出　　版　花木蘭文化出版社
社　　長　高小娟
聯絡地址　235 新北市中和區中安街七二號十三樓
　　　　　電話：02-2923-1455／傳眞：02-2923-1452
網　　址　http://www.huamulan.tw 信箱 hml810518@gmail.com
印　　刷　普羅文化出版廣告事業
初　　版　2017 年 3 月
全書字數　124762 字
定　　價　二編 28 冊（精裝）新台幣 75,000 元

戰國玉器研究

俞美霞　著

作者簡介

俞美霞

簡歷：文化大學中文研究所博士，文化大學藝術研究所美術組碩士，台灣師範大學國文系學士。現任台北大學民俗藝術與文化資產研究所副教授兼所長。研究主題：書畫、篆刻、玉器、畫像石、美術考古、民俗學、文化資產等項目。主張以文字、文物、文獻「三重辯證法」爲研究依據，重視田野調查，出土考古挖掘，強調跨領域研究，俾便理論與實務並行，傳統與創新兼具。

著作：《戰國玉器研究》、《東漢畫像石與早期道教暨敦煌壁畫之研究》、《玉文化探秘》、《壇墠文化考》、《台灣最美麗的風華是人文》等書，暨研討會、期刊論文約 70 篇。

提　要

中國是世界上崇玉、愛玉、用玉最早也最久遠的民族國家。而且，早自新石器時代以來，玉器便一直是祭祀及禮俗中最高規格的物質符號並精神文明呈現。

這樣的現象及至戰國時期，縱使禮壞樂崩，周天子權力式微，然而，珍貴華美的玉器，在卸下了禮制的束縛之餘，卻反而更能展現其自由、精湛的藝術特質與技巧，並成爲身分、地位、財富的象徵。尤其是戰國玉器的紋飾及形制，很能眞實反映時代的美學風格並脈動，恣意奔騰的氣勢，使戰國玉器成爲中國玉器史上最爲躍動而又輝煌的重要器物。

至於本書內容則是以戰國時期出土的玉器爲主軸，並就其紋飾與形制予以剖析，使見其沿革及演化。尤其值得注意地是，玉器、青銅器都是當時重要的貴重物質，然而，其紋飾與形制卻是各有所本，且不相混淆。例如：穀紋與乳丁紋、雲紋與雷紋等，這樣的現象及特質，是研究器物學必須審愼之處，並也是欣賞或鑑定玉器時，所不可不熟知且辨明的關鍵原則。

那　序

　　玉器的雕琢，在古代以戰國時代的雕琢技術爲最好；在近代則是清乾隆時代了。

　　我們看，戰國時代雕琢出來的玉器，都是些生動活潑的東西，他們製器得到了動態之美。比如說，他們雕一匹馬，一定是生龍活虎一般，至少牠是一匹活生生的馬。

　　我認爲商代與戰國時代，他們的玉雕，各得其妙。商代得到了「神」，我們曾研究過婦好墓出土的「象」，牠的腿，是四根方柱形，兩片特大的耳朵，鼻尖捲成一個鉤形，那裡會是一隻象的寫眞呢？可是，看到這隻玉象的，無人不愛牠，說牠是件精美的玉雕。這是爲什麼？商代的玉雕，得到了「神」，雕琢動物，形似並不要緊，你把牠雕的一切肖眞，各部位的長短適合，如果沒有「神」，便不是一件活生生的動物。

　　戰國時代的雕玉，深深地得到了「動態」，不獨動物之形如此，任何器物的形制、紋飾，都沒有板滯的狀態，即使是件柄形器飾，上面的虎紋，固然我們可以看出牠的活潑姿態，器形與其他紋飾，你也看得出它的活潑姿態來。

　　商代的「得物之神」，有人或許不能領略，戰國時代的「得物之動態」，是人人可以看得出的。

　　戰國的玉雕，是值得研究的。俞美霞小姐瞭解到戰國時代玉雕的重要，她的碩士論文便選定了「戰國時期玉器的紋飾與形制研究」。

　　俞小姐爲了做深切研究，眞是不辭辛苦，她不只一次去過大陸，去過香港找尋資料，還買來不少的參考書。

　　一年多的努力，一部完美的論文出來。又經過一年多的補充、修改，她想把它印出來，供人參考，問我的意見。我認爲：

　　第一、自己的努力，有了成果，應當刊印出來，供研究者的參考。

　　第二、戰國雕玉的精良，可以引起國人的重視。

　　第三、拋磚引玉，可以得到先進的指正。

　　第四、研究玉器的人，有此一書，省卻許多找尋資料的困難。

　　這書出版後，我希望她能以這本書爲基礎，擴大研究，必定有很大的成就。

　　　　　　　　　　　　　　　　　　　那志良　謹序
　　　　　　　　　　　　　　　　中華民國八十四年元月

自 序

　　一千多個日子，在陽明山來回奔波的辛勞，轉眼間，有如山嵐輕拂，瞬間消失地無影無息，彷彿仍是坐在窗前貪看夕陽晨昏的變幻，驚覺谷中騰騰雲霧的奇詭，然而，歲月的流逝，卻如蜿蜒的淡水河，婉轉綿長而去。

　　數度進出香港、大陸，記憶深刻的是，雪地裡背著行囊叩訪僧王府，在寒冬的夜裡，圍爐聆聽教誨，北京故宮的留連彳亍，琉璃廠內的穿梭疲憊，以及無數個夜晚，背著沈重的影印資料，自香港中文大學眺望夜景的燈火輝煌。而孤燈下，卡片的整理，文字的綴連，校對的煩瑣，只有一個人耐著性子，一一完成。

　　以玉器作為論文研究的主旨，除了感慨資料浩瀚，少人整理外，更好奇的是，中國，是世界上用玉最早、最著名的國家，然而，玉器在中國文化中的發展和影響，其地位究竟為何？尤其是戰國時期，是中國政治史上的轉型期，也是文化藝術發展的蓬勃期，無論在政治制度、文化思想、藝術創作上，都表現輝煌躍動的強烈生命力，這種強烈的生命力，是中國歷史上少見的勃發契機，並影響中國文化發展達數千年之久，其重要性不可令人輕易忽視。而戰國時期玉器的紋飾與形制，不僅確實反映當時社會的制度及思想，同時，紋飾與形制的演變，也頗能表現當時的特色，及其一脈傳承，因此，本書就此二大部份，做深入而詳盡的剖析，條理歸納，除了闡述形制、紋飾本身的作用及象徵寓意外，更在紋飾與器物材質間之緊密關係，頗有發現，並對器物之命名與作用，如：玉半琮、十六節龍鳳玉掛飾、玦與韘等等，都重新予以考證，還其原本面目，期望藉著這些條理分析，拋磚引玉，吸引更多的人從事研究；而這本小書的完成，大量引用經籍史料以及出土成果報告，不僅

幫助我順利通過博士班考試,並在資料搜尋中,使我眼界大開,深深明白,學科整合的重要性,唯有多方面融匯,才能觸類旁通,真正有所獲得。

該感謝的人太多了,無論是父母、老師,以及許多長輩的關懷與支持,使我能順利地收集資料,並完成論文。尤其是那志良老師的悉心指導,並鼓勵我適時發表,受益頗深,而楊建芳老師的支持與啟發,王慶台老師、高輝陽老師的鼓勵與呵護,都令人銘記在心,難以忘懷!而這篇論文,在潤飾修改之餘,也能刊行於世,就教方家,南天書局魏德文先生的功勞實不可沒!

未來的日子,寂寞而又漫長,而這本小書的完成,不僅是個人心願的暫告段落,也是學術研究再出發的開始,希望藉著這本小書,感謝所有曾經幫助過我,並關懷這篇論文完成的朋友,也希望藉著這本小書,獻給所有關心中國文化發展,以及喜愛玉器的朋友們吧!

中國民國八十四年二月識於華岡

目次

彩圖目錄

黑白圖目錄

線圖目錄

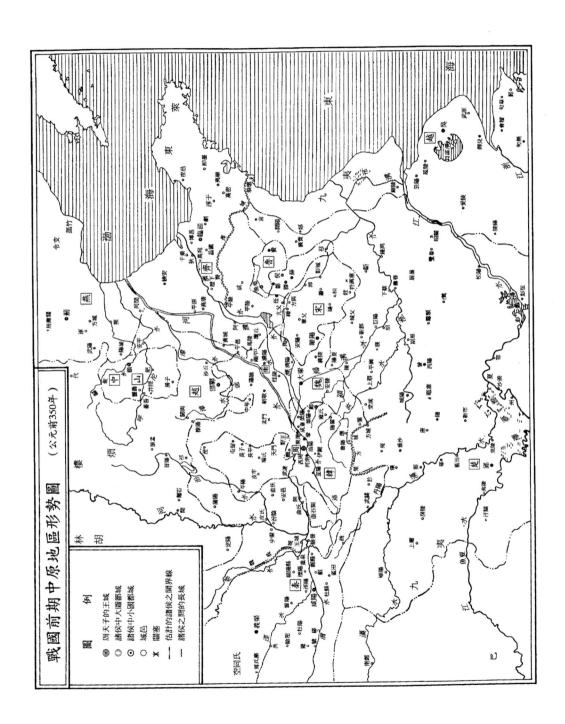

戰國前期中原地區形勢圖 （公元前350年）

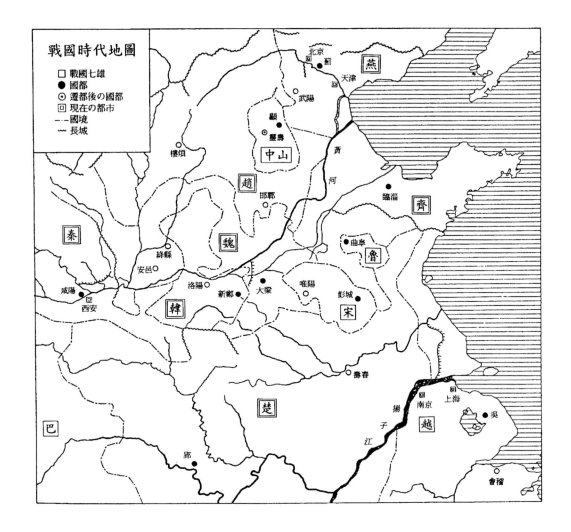

第一章 導 論

第一節 前 言

一、紋飾與形制的發展性

　　戰國時期，是中國歷史發展上一個重要的轉型期。

　　這個轉型期，不僅是由於政治上分崩離析，群雄割據，以至造成周朝王室衰微，井田制度破壞，土地重新分配，冶鐵技術發達，農業振興，商業頻繁，並造就了許多富裕的諸侯、士夫以及城邦等等。因此，在這政治上空前混亂的時代裡，由於經濟發展快速，知識普及，手工業發達，反而孕育出一個求新、求變的富麗時代，使抽象的哲學思惟，和具象的藝術物品，充份結合，並達至空前的顛峰，而這些反映當時社會風尚和思想的出土文物，尤其在秦始皇焚書坑儒，破壞先秦典籍之餘，便成為後人研究當時史料重要的佐證，因此，出土文物的挖掘，不再只是考古的發現，更是歷史發展、社會現象以及藝術研究的重要對象。

　　本書的研究目的，即在於以戰國時期玉器的形制與紋飾為內容，探究其中的淵源及發展，除了就玉器本身形制、紋飾的意義、作用予以闡述外，並兼及下列各項：

　　　　——紋飾與器物形制之關係
　　　　——紋飾、形制與器物作用間之關係
　　　　——紋飾、形制與器物材質間之關係
　　　　——紋飾、形制與社會發展之關係

　　以紋飾、形制的發展，其意義與作用，常隨著時代的變遷而有所更異，尤其是在文獻不足的時代裡，更能由紋飾、形制的衍化，而上溯當時的思想和習俗，這是本書探討的重點，也是一般坊間書籍所較爲忽略的地方，本書將分別闡述其中意義；同時，藉著紋飾、形制的排比和分析，除了辨別其中異同，易於比較外，更予以歸納，使之系統化，並期望藉此喚起大眾對器物形制演變及「紋飾學」研究的重視，重新予以肯定的價值和地位。更重要的是，由於玉器出土的大量發掘，使今人在研究玉器時，應就其意義和作用有更深入的發揮和探討，而不再只是作爲工藝雕刻的手工藝性質而已！因此，如何重新評估玉器在中國文獻、歷史、文化中的影響力，並樹立其本有之地位，這才是本書研究的眞正目的和作用。

二、出土文物的重要性

　　隨著出土挖掘的大量發現，考古文物的備受重視，這些年來，中國大陸考古的驚人成就，一再震驚社會，並引起世界各國考古界的注目，而玉器的大量挖掘，尤其是良渚文化遺址的發現，更說明遠古時期先民對玉器的重視，並以大規模的「玉斂葬」表達對死事的敬愼和祈福，因此，出土文物的整理報告，也就成爲學術研究不可或缺的重要資料。

　　本書的研究方法，即以出土報告的原始資料爲依據，如：《文物》、《考古》等期刊，並旁及其他研究刊物，如：《文物研究》、《文物與考古》、《文博》、《考古學報》、《故宮博物院院刊》等等，再輔以考古學專刊、田野調查報告，及有關先秦時期社會背景，思想發展等專書，加以融會組合，分析脈絡，更重要的是，這些資料的運用，其目的在於——讓器物本身自己說話。這是研究器物所應持有的態度，也正是 Erwin Panofsky（1892－1968）在〈藝術史——一門人文學科〉The History of Art as a Humanistic Discipline〔註1〕中所提出的觀念，他指出：遺蹟（monument）和文獻（document）的關係，遺蹟，應視爲考察的對象，屬於「主要資料」（primary material），也就是藝術品的本身；而文獻是「次要資料」（secondary material），也就是藝術品的相關資料，此二者相輔相成，可以互爲詮釋，然而，就藝術發展的角度而言，無論是研究或鑑定，都應從藝術品的本身著手才是。

〔註1〕見《故宮學術季刊》，卷2，期4，頁1－19，王碧華譯，台北故宮博物院出版，民國74年夏季號。

　　至於世界各博物館的收藏，或私人珍藏的傳世品或出版圖錄，由於無確定的出土記錄，本書大多不予採用，即使有所運用，也多是風格明顯，或經學者、專業人員考訂，以便和出土器物互為比附，更可以彰顯功能，彌補缺漏。

　　戰國時期的出土文物中，由於時間、空間的分布範圍極為廣泛，而出土的挖掘也大多零星散佈，少人整理，同時，在一般人的觀念中，玉器只是作為工藝的一部份，不如書、畫的研究受人重視，並有豐富的評論、筆記作為參考線索，因此，戰國時期所累積的玉器出土資料，雖然也不在少數，並且是中國玉器史上極為燦爛的顛峰時期，然而，由於乏人整理，大多不成系統，而本書的完成，即在於以實物圖版、資料為依據，並以排比、分析、演繹的方法，從中理出脈絡，衍生系統，期有所得。

　　出土玉器的斷代，目前的發展，仍大多依附於同墓中銅器、陶器的斷代而定，而研究成果，也遠遜於前二者所有的豐富成就，雖然，玉器的發展也自有其完整的體系。現代的歷史、考古學者，也已經逐漸重視到玉器在文化發展中所扮演的角色，甚至將上古的文明，由原本的石器時代、青銅時代、鐵器時代，再細分為石器時代——玉器時代——青銅時代——鐵器時代，說明玉器在人類文明的演化中，的確有其不可忽視的重要地位。因此，如何肯定玉器在歷史文化中所扮演的角色，並樹立其發展體系，則是研究玉器史的當務之急。本書的整理，也期望以嚴謹的態度，出土的原始報告為依據，作科學而又客觀的處理和分析，使玉器在中國文化發展中的意義和作用，能真正恢復它的原貌。

三、戰國時期的起訖年代

　　戰國時期，群雄割據，百家爭鳴，是政治上的動盪時代，卻也是哲學思想，藝術創造上極為輝煌的時代，這種在不安的局勢中，所激發出新生的力量，也只有魏晉時期才可比擬，然而，魏晉時期深受外來文化佛教的洗禮，融合了異族的文化信仰，已非中原本土原貌，只有戰國時期，可以說是中國本土各民族文化的匯聚，是一個真正表現民族本色和風格的時期。而當時的「戰國七雄」，不僅各據一方，各有地域性的風格及特色，同時，在「連橫」與「合縱」的政策下，當時各國間的來往頻繁，互通有無，也早已是不爭的事實，因此，手工業發達的戰國時期，在玉器的發展上突飛猛進，可說是一個集大成的時代。

　　然而，在這樣一個動盪多變的環境，再加上秦始皇的焚書坑儒之舉，先秦所遺留下的典籍史料已大多摧毀湮滅，以至後人對於先秦時期的文獻資料，思想背景，自然難以搜尋，即以戰國時期而言，目前所存戰國史料仍以漢劉向所輯《戰國策》一書為本，然而，此書多縱橫家、游士之說，所載則東、西周、秦、齊、楚、趙、魏、韓、燕、宋、衛、中山等國，並多所闕漏刪併，實在是衰世之書而已！而《史記》、《漢書》、《資治通鑑》、《竹書紀年》、《編年紀》等，雖然對戰國史事有所記載，也只能就部份史料互相印證，彌補缺失，實在難以窺其全貌；至於九流之說，則多後人傳述匯編，卻也多少反映戰國時期的社會思想與習俗；因此，總括來說，由於戰國時期的史料不足，考證有限，想要以戰國時期為背景而理出玉器發展的重要線索，則仍有文獻不足處，須賴更有力的考古發現，以及有心人士合力研究而成，以便補足疏漏，還其原貌。本書則就現存資料所及，就「戰國時期」的起訖年代，分述如后。

　　「戰國」一詞，於戰國時期即已存在，並可散見於史料典籍中。如：

　　《戰國策・秦策四》秦王欲見頓弱章，有頓弱曰：「山東戰國有六，威不掩於出東而掩於母，臣竊為大王不取也。」

　　《戰國策・楚策二》載昭常對楚頃襄王言：「今去東地百里，是去戰國之半也。」

　　《戰國策・趙策三》趙惠文王三十年，則載趙奢說：「今取古之為萬國者，分以為戰國七。」

　　《戰國策・燕策一》也有蘇代說：「凡天下之戰國七，而燕處弱焉。」

　　《管子・霸言》：「戰國眾，後舉可以霸。」

　　《史記・秦始皇本紀》贊曰：「秦離戰國，而王天下。」

　　可知「戰國」一詞，在當時戰國七雄間，早已普遍運用，並作為各國間紛爭的描述，而《管子》一書（應為戰國中晚期之著作）以及《史記》所載，也都言及「戰國」，更可對當時混亂的情勢，作一明確的肯定；直到西漢末年，劉向集先秦各國所載有關戰國時事，才將「戰國」作為歷史上時代的畫分。

　　「戰國時期」的年代畫分，歷來眾說紛紜，莫衷一是，然而，可以肯定的是，結束於秦始皇統一六國——西元前 221 年，則是無庸置疑之事，至於它的開始年代，由於歷代考證上的差異，則有下列各種不同的說法。

1. 始於魯哀公十四年－西元前 481 年。宋呂祖謙的《大事紀》即以此年作爲開始，以便上續《春秋》。

2. 始於周元王元年－西元前 475 年。漢司馬遷的《史記・六國年表》即作如此解。

3. 始於周貞王元年－西元前 468 年。清林春溥的《戰國紀年》和黃式三《周季編略》即是〔註2〕。

4. 始於周威烈王廿三年－西元前 403 年。即韓、趙、魏三家分晉之時，宋司馬光《資治通鑑》即以此分。

　　至於一般典籍大多以周威烈王廿三年，即「三家分晉」作爲戰國時期的開始；然而，楊寬《戰國史》一書中卻引用 1972 年山東臨沂銀雀山漢墓出土的《孫子吳問篇》竹簡所載，考訂戰國時期應以西元 481 年，繼魯、晉之後，新興地主階級在齊國取得政權，進入封建社會，以此作爲戰國時代的開始，則較爲合適。

　　春秋、戰國之際的難以畫分，已如前述，至於考古出土的斷代，除非有確定的銘文記載，否則也易於出現斷代歧異，或含混不清的現象，再加上墓中器物常有他國饋贈，盜墓者破壞，或因文化層堆積而混淆的情況發生，本書在資料運用方面，則極力求證，或予以補註，以春秋、戰國之際的器物形制和紋飾上，的確有其相似之處，並有脈絡接續相承的緊密關係，在風格分析上仍不至於出現太大的偏差，因此，關於上述四種不同的起始年代，可作爲戰國時期開始的上限及下限（西元前 481－西元前 403 年），至於其間差距雖有七十餘年，然而，對於器物本身的研究卻並無太大影響，且置於此，以爲備考。

四、戰國時期各國及少數部族的疆域分布

　　戰國時期的疆域畫分，由於當時各國間戰亂頻仍，強凌弱，眾暴寡，土地的兼併掠奪，時有所聞，因此，各國的疆域畫分，隨著年代的不同而時有增損，是以難以釐定，再加上戰國史料的不足，古今地名的變異，考證的工作，更爲艱難，今就楊寬所著《戰國史》一書中，戰國初期各國的疆域和少數民族的分布，並參酌《史記》、《戰國策》、《後漢書》等相關資料，略述其疆域及兼併過程，並整理如后。

〔註 2〕見楊寬，《戰國史》，頁 5 所載。林春溥，《戰國紀年》，收入他的《竹柏山房叢書》中。黃式三，《周季編略》，有清代同治年間浙江書局木刻本。

春秋戰國之際的大國有楚、越、趙、齊、秦、燕、魏、韓等國。而其疆域分布則以楚為大，越次之，韓最小。

1. 楚

疆域從今四川省東端起，有今湖北省全部，兼有湖南省東北部、江西省北部、安徽省北部、陝西省東南角、河南省南邊、江蘇省淮北的中部。全境東北和秦接界，北面和韓、鄭、宋等國接界，東和越相鄰，西和巴接壤，南和百越接界。國都郢（今湖北省江陵縣西北紀南城）。

楚國在西元前 447 年滅了蔡國，後二年又滅了杞國，西元前 431 年又滅了莒國（見《史記・楚世家》），並不斷奪取鄭國的土地，到西元前 400 年，楚國的領土已擴展到大梁、榆關一帶，是戰國初期疆域最大的國家。後楚悼王用吳起變法，實行富國強兵政策，曾「南平百越，北並陳蔡，卻三晉，西伐秦。」（見《史記・孫子吳起列傳》），並北向戰勝魏國（見《史記・趙世家》），使楚國成為南方的大國，及戰國七雄之一。

2. 越

其疆域約自今山東省琅玡臺起，沿海而南，有今江蘇省蘇北運河以東地區，全部蘇南地區，安徽省皖南地區，江西省東境部份，並兼有浙江省北半部。北和齊、魯及泗水上各小國交錯接界，西與楚相接，東則靠海，南和百越接壤，是春秋戰國時期疆域次大的國家。在越王勾踐滅吳後，曾遷國都至琅玡（今山東省膠南縣），西元前 379 年，遷回吳（今江蘇省蘇州市）。

越國在西元前 414 年滅滕（見《史記・越世家》索隱引竹書紀年），次年又滅了郯國（見《水經・沂水注》引竹書紀年），後亡於楚，其文化受楚國影響很深。

3. 趙

其疆域自今陝西省的東北部，過黃河而有山西省中部、東北部、東南部，兼及河北省東南部及山東省西邊的一角和河南省的北端。全境東北和東胡、燕接界，東和中山、齊接界，南和衛、魏、韓交錯接界，北和林胡、樓煩接界，西和魏、韓交錯接界。國都原在晉陽（今山西省太原市西南），西元前 425 年遷都中牟（今河南省鶴壁市西），西元前 386 年則遷都邯鄲（今河北省邯鄲市）。

三晉在屢次合力對楚作戰中，由於地勢關係，趙國並沒有得到什麼好處，直到西元前 383 年，趙國大舉攻衛，衛求救於魏，並大敗趙師於兔台，衛國

並乘勝攻取趙國的剛平（今河南省清豐縣西南），並進攻中牟。第三年，趙向楚求救伐魏，直攻到黃河邊，趙也乘勝反擊，攻取了魏的棘蒲（今山東省魏縣南）、黃城（今河南省內黃縣西）。這一役是戰國初期的大戰，趙、楚兩國雖然勝利，卻也未能削弱魏國的勢力。西元前 372 年，趙國繼續向衛進攻，攻取了鄉邑七十三個，趙國在中原區的勢力也有了擴張，後七年，又攻取衛的鄄（今山東省鄄城縣北），進一步壯大了趙國的國力，也成為戰國七雄之一。

4. 齊

其疆域有今山東省偏北的大部，兼有今河北省的東南部。全境東邊靠海，南和越、莒、杞、魯等國接境，西和趙、衛交界。國都在臨淄（今山東省淄博市西、臨淄北）。

齊國由於地緣關係，曾經不斷侵略魯、衛兩國，並於西元前 412 年攻取了魯國的郕（今山東省泗水縣西北），次年又攻取了衛國的貫丘（見《史記‧田世家》）至西元前 357 年，齊威王即位，任用鄒忌施行法家政策，推動政治革新，使齊國成為當時東方的大國。

5. 秦

其疆域自今甘肅省的東南部，沿渭河兩岸而有今陝西省的腹部，有一部份土地能直接達到黃河沿岸，又有部份土地從今陝西省的東南部伸入河南省的靈寶縣。全境東和魏、韓及大荔支戎交界，南和楚、蜀交界，西和貆、綿諸、烏氏等戎國交界，北和義渠、朐衍等戎國交界。國都原在雍（今陝西省鳳翔縣東），秦靈公遷都涇陽（今陝西省涇陽縣西北），西元前 383 年秦獻公遷都櫟陽（今陝西省富平縣東南），西元前 350 年衛鞅第二次變法時，遷都咸陽（今陝西省咸陽市東北）。

戰國初期，和秦交界的蜀國曾經非常強盛，西元前 451 年秦在南鄭（今陝西省漢中縣）築城，當是為了防蜀而設，而西元前 387 年蜀攻取秦的南鄭（見《史記‧六國年表》），同年，秦伐蜀，將南鄭奪回（見《史記‧秦本紀》）；西元前 457 年秦厲共公曾率師和綿諸交戰；西元前 444 年，秦又攻伐義渠，俘虜其王，而西元前 430 年，義渠興師伐秦，曾深入渭陽，至西元前 327 年始稱臣（見《史記‧六國年表》）；到西元前 393 年，秦又攻伐絲諸，此後不見絲諸記載，應是在此時為秦所兼併，這是秦和周圍少數部落間的征伐關係。

西元前 361 年，秦孝公即位，重用衛鞅，實施富國強兵政策，西元前 356 年，實行第一次變法成功，並在對外戰爭中不斷獲取勝利，於是在西元前 350

年又推行第二次變法，並於西元前 340 年設計生擒魏將公子昂，大破魏軍，迫使魏國交還西河之地，而秦國的國勢，也在衛鞅嚴刑峻法的改革之下，成爲戰國時期西方的霸主，進而統一六國，完成天下。

6. 燕

其疆域有今河北省北部和遼寧省西南部，並兼有今山西省的東北角。全境東北和東胡接界，西和中山、趙國接界，南邊靠海，並和齊接界。國都於薊（今北平市西南）。燕昭王時設下都於武陽（今河北省易縣南），今燕下都遺址仍存。

西元前 373 年，燕敗齊林孤；西元前 284 年，與秦、三晉擊齊，燕獨入至臨淄，取其寶器；西元前 232 年，太子丹質於秦，西元前 227 年太子丹使荊軻刺秦王，秦伐燕，西元前 222 年滅燕（見《史記‧六國年表》）。

7. 魏

其疆域在今陝西省境內，沿黃河僅有今韓城縣的南部，在渭河以南，有今華陰縣左右地，在今山西省有其西南部，並伸入其東南部，通連今河南省北部，兼有黃河以南一部份沿河地，東北更有今河北省大名、廣平間地和山東省冠縣地，領土較爲分散，其主要地區爲山西省西南部的河東和今河南省北部的河內，以今山西省東南部的上黨爲交通孔道。四周和秦、趙、韓、鄭、齊、衛接界。國都原在安邑（今山西省夏縣西北禹王村），西元前 361 年遷都於大梁（今河南省開封市）。

西元前 445 年，魏文侯任用李悝爲相，實施土地改革政策，使魏國在政治、經濟上富強壯大，西元前 408 年，擊（宋）、中山，伐秦至鄭，還築洛陰、河陽（見《史記‧六國年表》）；西元前 393 年，伐鄭，城酸棗；西元前 380 年，伐齊，至桑丘；西元前 376 年，魏、韓、趙滅晉，從此三家各自在中原發展；西元前 371 年，伐楚，取魯陽（今河南省魯山縣），從此魏國在黃河以南便有了較廣大的土地，同時，自三家分晉後，在不斷的征戰中，以魏國所兼併的土地最多也最強大，不但在西邊攻取了秦的河西，在北方取得了中山，更在南方取得了鄭、宋、楚三國間的大片土地，奠定了魏國在中原的地位。

8. 韓

其疆域有今山西省的東南部和河南省的中部，全境把周包住，西和秦、魏交界，南和楚交界，東南和鄭交界，東和宋交界。國都原在平陽（今山西

省臨汾縣西北），西元前 416 年遷都宜陽（今河南省宜陽縣西），韓景侯時又遷都陽翟（今河南省禹縣），西元前 375 年韓哀侯滅鄭國，就遷都到鄭（今河南省新鄭縣）。

　　韓國是戰國時期土地最小的國家，西元前 351 年，韓昭侯用申不害爲相，是爲法家中的重術派，可惜成效不彰，又因韓國位於大國之間，且常受秦國侵略，後終於西元前 230 年爲秦所滅，是六國中最早被秦滅亡的國家。

　　至於其他各小國的疆域，以宋、魯爲最大，鄭、衛次之，莒、鄒、周又次之，杞、蔡、郯等國，只不過佔今一縣之地而已！也分別介紹於下：

　　1. 宋

　　今河南省東南部和山東省、江蘇省、安徽省之間一部份地。國都原在睢陽（今河南省商丘市西南），後可能遷都於彭城（今江蘇省徐州市）。

　　2. 魯

　　今山東省的東南部，國都曲阜（今山東省曲阜縣）。

　　3. 鄭

　　今河南省的中心部份，國都在鄭。

　　4. 衛

　　今河南省、山東省之間北部的一部份地，國都濮陽（今河南省濮陽縣西南）。

　　5. 莒

　　今山東省安邱、諸城、沂水、莒、日照等縣間地，國都在莒（今山東省莒縣）。

　　6. 鄒

　　今山東省費、鄒、滕、濟寧、金鄉等縣間地，國都在鄒（今山東省鄒縣南）。

　　7. 周

　　今河南省孟津、洛陽、偃師、鞏、汝陽等縣間地，過黃河有今溫縣的小部份地，國都在成周（今河南省洛陽市東北）。

　　8. 杞

　　約有今山東省安邱縣東北地。

　　9. 蔡

　　約有今安徽省壽縣北部地。

10. 郯

約有今山東省郯城縣西南地。

11. 任

約有今山東省濟寧縣北部地。

12. 滕

約有今山東省滕縣西南地。

13. 薛

約有今山東省滕縣東南地。

14. 曾

今湖北省隨縣到安陸一帶，建都於西陽（今河南省光山縣西南）。

　　另有少數部族的分布，大多在七大強國的周圍地區，因與本文討論內容關係不大，是以略而不談，只有中山國是在中原地區建立的國家，並擁有今河北省西部高邑、寧晉、元氏、趙縣、石家庄、靈壽、平山、行唐、曲陽、唐縣、定縣一帶。春秋時稱為鮮虞，原為白狄族。而楚國地區內，在今湖北省東北部山區，仍保留不少少數部族，也就是所謂的「九夷」（即淮夷），至秦統一六國後，其淮、泗夷皆散為民戶（見《後漢書・東夷列傳》），便成為大一統的天下了。

　　以上所舉戰國時期各大小國及部族的分布區域，雖然錯雜繁複，並時有兼併割讓或古今地名變異之事，然而，在印證實物出土時，卻也多少可以明其淵源，瞭解民族性、地域性的差異，以及風格、形制上的演變，和相互間影響的關係，是以不厭其繁，權置於此，以備佐證之用。

第二節　玉器文化的興起

一、中國是愛玉的民族

　　全世界有三個以玉器工藝聞名的國家，那就是——中國、紐西蘭、中美洲（主要是墨西哥）。而中國是用玉最早，而且最著名的國家。

　　更有趣的是，在整個環太平洋的海域中，澳大利亞、紐西蘭、印度尼西亞群島、中國大陸、中美洲、美加等地都是盛產美石的地區。這些美石的硬度、色澤雖然不一，然而，在整個環太平洋的地區，卻都蘊育了各民族文化

對玉石的喜好，並作爲珍藏或裝飾的物件，這種特殊的現象，或許與海洋性氣候，或地理位置、地質學有關。然而，不可否認的，玉石文化的興起，玉器時代承繼著石器時代而發展，而玉器無論在硬度和質地上，都遠勝於石器的運用和觀賞，因此，玉器文化的興起，不僅改變了人們的生活形態，也改變了人們的審美意識，使人們從原始的石器時代生活，進而更爲精緻並有內涵的玉器時代，人們的生活跨越了，對玉器也賦予豐富的象徵寓意，於是，各民族文化都有不同的面貌和風格出現。

中國，是一個愛玉的民族，遠在新石器時代晚期的良渚文化遺址，就已經發現大量精緻的玉雕器物，說明當時人們對玉雕器物的喜愛與重視，而這些質地細密凝結，色彩光澤斑爛的玉石，除了作爲裝飾用，更是祭祀、隨葬儀式中，不可或缺的重要器物，而這些器物，縱使也有琢磨成斧、鉞銳利的形制，卻大多已失去了石器時代人們做爲防衛武器的原始意義，也不再具有實用的功能，當玉器的象徵寓意遠大於實際作用時，其文化上的地位與價值自然提高，其重要性也就更令人值得重視了。

現今的歷史、考古學家，已經注意到玉、石文化的發展，雖有其相關性與接續性，卻也不可混爲一談，因此，將玉器時代置於石器時代之後，這樣的畫分，的確有其清晰便易的效用，不但藉此說明其間的承續關係，更可辨明二者的實用、藝術價值及象徵意義。

中國文化由石器時代而至玉器時代，其間的過程漫長，玉、石文化的發展並有相當長久的重疊時期，可知玉、石在人類文明的演進中，的確和生活有密不可分的關係，而這種緊密的關係，可以從上古以來，中國玉器出土的遺址中窺其大要，現在，就中國玉器出土的遺址，略作整理如後。

1. 新石器時代玉器出土的重要遺址

（1）太湖地區，江蘇南部、浙江境內——

◎ 河姆渡文化（西元前 5000－西元前 4500 年）。

◎ 江南青蓮崗文化（西元前 4500－西元前 3500 年）。

◎ 馬家濱文化（西元前 3600－西元前 3200 年）。

◎ 崧澤文化（西元前 3500－西元前 2600 年）。

◎ 良渚文化（西元前 3500－西元前 2000 年），出土玉器數量多而精緻。

（2）江蘇北部、山東、河北南部——

◎ 北辛文化（西元前 5300－西元前 4300 年）。

◎ 江北青蓮崗文化（西元前 4500－西元前 3000 年）。

◎ 大汶口文化（西元前 3000－西元前 2300 年）。

◎ 山東龍山文化（西元前 2300－西元前 1800 年）。

◎ 岳石文化（西元前 1900－西元前 1500 年）。

（3）東北地區，遼寧、吉林、黑龍江境內——

◎ 以遼河流域、內蒙古地區的紅山文化為主（西元前 4000－西元前 3000 年）。

（4）四川、湖北及湖南北部——

◎ 大溪文化（西元前 4500－西元前 3000 年）。

◎ 屈家嶺文化（西元前 3000－西元前 2600 年）。

（5）安徽境內——

◎薛家崗文化（西元前 3200－西元前 2600 年）。

（6）河南、山西、陝西境內——

◎ 仰韶文化（西元前 4500－西元前 2400 年）。

◎ 龍山文化（西元前 2500－西元前 2100 年）。

（7）甘肅境內——

◎ 齊家文化（西元前 3000－西元前 2600 年）。

（8）西藏高原——

◎ 以西藏昌都卡若文化為主（西元前 3000－西元前 2000 年）。

（9）東南地區，福建、廣東、廣西——

◎ 以廣東的石峽文化為主（西元前 3000－西元前 2000 年）。

2. 殷商時期玉器出土的重要遺址

（1）河南、河北、湖北等地——

◎ 二里頭文化（西元前 2000－西元前 1600 年）。

◎ 二里崗期

◎ 小屯期（即安陽期），以殷墟文物出土最具代表性，也最可觀。

（2）山東地區——

◎ 殷墟墓葬。

3. 西周時期玉器出土的重要遺址

（1）山東濟陽劉台子墓葬。

（2）河南、河北地區，以濬縣辛村出土最爲豐富。

（3）甘肅靈台白草坡墓葬。

（4）陝西地區，以寶雞㢭國墓葬最爲重要，對西周早朝、中期的出土器物有重要發現。

（5）山西洪洞永凝堡墓葬。

（6）浙江衢州西山墓葬。

4. 春秋時期玉器出土的重要遺址

（1）河南地區：除光山黃君孟夫婦墓葬、淅川下寺楚墓外，洛陽中州路、固始侯古堆等，出土都極爲豐富，後者並及至戰國時期。

（2）山東沂水劉家店子墓葬。

（3）山西侯馬上馬墓地及盟誓遺址，極具文獻價值，屬於東周時期。

（4）江蘇省江陰縣大松墩土墩墓，及吳縣吳國墓葬，也有豐富的出土。

（5）安徽省舒城縣河口墓葬。

（6）湖北江陵雨台山楚墓，出土數量極多。

（7）四川廣漢墓葬。

（8）陝西省鳳翔出土的春秋秦國玉器也極多。

5. 戰國時期玉器出土的重要遺址

（1）河南省的重要出土有：洛陽中州路西工段（屬春秋戰國之際），以及信陽楚墓、淮陽平糧台楚墓，另外，輝縣固圍村也有戰國晚期的重要文物。

（2）河北平山中山國墓葬，是戰國中期文物的代表，也極爲重要。

（3）山東曲阜魯國故城遺址。

（4）安徽壽縣出土墓葬。

（5）江西清江出土墓葬。

（6）湖南長沙等地墓葬。

（7）湖北隨縣擂鼓墩出土的曾侯乙墓，數量極多而且精緻重要。

（8）四川涪陵小田溪出土。

（9）浙江紹興 306 號墓葬，極爲豐富並具地域性特色。

（10）廣西武鳴馬頭元龍坡墓葬。

　　從這些數量眾多的遺址來看，中國玉器的出土，自新石器時代以至戰國時期達至顛峰，不僅是玉器的數量豐富，形制繁多，同時，就分布的地域來看，也可說是遍及全國各地，而且，可以明顯地發現，長江流域中下游玉器的發展，比起黃河流域的發展更具有先進且主導性的重要地位。這個現象，不只是說明了先秦及上古時期的先民對玉器文化的重視，更說明文化歷史的傳衍發展導向，以及玉器先民生活、思想、習俗中，有密不可分的緊密關聯，同時，由於紋飾、形制的相互影響，以及玉器作爲禮器的作用，隨著時代的轉換而逐漸式微，其中所反映出的時代觀念、社會制度、甚至政治、經濟、交通、哲學、藝術等意義，都可做爲後人研究的重要線索和資料。

　　中國人是愛玉的民族，不僅玩玉、佩玉，作爲身份、符節之用，還以玉祭祀天地，隨葬墓中，這種愛玉、敬玉的習俗，其淵源深遠流長，是人們生活的一部份，也是民族文化演進的特殊情懷和風俗，作爲玉器研究的主題，應當有更多專業範疇的研究工作者，共同深入鑽研才是。

二、玉質的分析

　　玉的質地，就礦物學而言，大致可分爲軟玉（Nephrite）和硬玉（Jadeite）兩種，其成份並都是鏈狀硅酸鹽礦物。

　　軟玉，是角閃石類（Amphibole group）的一種，其成分主要是砂土（Silica）、氧化鎂（Magnesium Oxide）、石灰（Lime）等，化學式爲 $SiO_2 \cdot MgO_4 \cdot CaO_3$，其硬度根據德國十九世紀著名礦物學家摩氏 Mohs 所列的硬度表爲 $6-6.5°$，比重是 $2.9-3.1$，並以水產者多溫潤。質地良好的軟玉，其纖維細緻、堆積密度高、韌性強、少雜質、呈半透明油脂狀、並且不易加工和受沁，一般所謂的中國玉或古玉，都是指此類，其顏色則有白玉、黃玉、青玉、墨玉之分，而其常見的基本色調則是黃綠色，其濃度變化不大，並往往隨著亮度降低而顏色加深。至於軟玉生產的地質條件，約可分爲兩類：一類是產於變質帶內的鎂質大理岩中，如：新疆崑崙、遼寧寬甸、四川汶川等地；另一類則是產於超基性岩體中，如：新疆瑪納斯、河南淅川等地。至於同一產地內，同一礦體中，也可以產出不同質地的軟玉，產於超基性岩中的軟玉，由於其原岩一般含鐵量較高，所產軟玉經常也含鐵較高而顏色偏深；而白色軟玉，尤其是羊脂白玉，則是產於鎂質大理岩中，另外，鎂質大理岩中的軟玉，由於組合成份的不同，也可能產生含鐵量較高而顏色偏深的軟玉，如：新疆墨玉。這是在辨別軟玉產區、顏色、質地時，所必須注意的地方。

　　硬玉，則是輝石類（Phroxene group）的一種，其成份主要是砂土（Silica）、礬土（Alumina）、碳酸鈉（Soda）等，化學式爲 $SiO_2 \cdot Al_2O_3 \cdot Na_2O$，其硬度根據摩氏硬度計爲 $6.75-7°$，比重則是 $3.3-3.4$，大多是山產。質地良好的硬玉，硬度高、質地純粹、並呈透明玻璃狀，顏色以綠色爲主，一般人所稱賞的「翡翠」，便是硬玉中的上品。產地則多出自緬甸。

　　中國是用玉最早而且最著名的國家。隨著考古的發現和科學的驗證，這個說法越來越受到實質的肯定和重視。

　　就以崧澤遺址出土的玉環、玉璜、玉玲等飾物爲例，經地質考證的分析：這些岩石具有不同程度的綠色，爲隱晶質緻密塊體。這類岩石是火山作用晚期和期後的噴氣及熱液作用交代蝕變的產物。岩石摩氏刻划硬度爲 $6-6.5°$，質地緻密、細膩，色彩柔和、鮮艷，磨光後具有美觀的綠色花紋。同時，在遺址中用來製作石器和玉器的岩石，在崧澤附近幾公里到數十公里範圍內都有出露，易於採取，這是上海地區先民就近取材，製作工具和玉器的有利條件，[註3] 這和以往 S.F. Leaming 認爲世界上最古老的軟玉器是出自蘇聯西伯利亞雅庫特的 Suruktaakhkhaya（北緯 $60°40'$、東經 $123°10'$）的 Ymyyakhtakh 文化層相比較，還要早了好幾百年，[註4] 這不僅說明玉器的發展，和世界古老先民的生活有不可分割的密切關係，更指出玉器文化對中國文化的深厚影響，其年代並可遠溯至新石器時代。

　　另外，中國地質科學院地質研究所曾經就江蘇南部、新石器時代文化遺址所出土的玉器，就其中 4 處、14 件具有代表性的玉器（吳縣草鞋山馬家浜文化、吳縣草鞋山崧澤文化、吳縣張陵山良渚文化早期、常州武進寺墩良渚文化等）進行研究。並發現：其中有 9 件玉器是軟玉質地，並且是「就地取材」而用，另外 5 件玉器的質地，經鑑定則是：葉蛇紋石、迪開石、石英等，並非軟玉質地，而是假玉，[註5] 這是新石器時代先民運用玉、石的大致狀況。

　　美麗的玉石，得之不易，中國的先民早在五、六千年前，就已經懂得開採玉石、雕琢玉器，並成爲生活中的重要物件，其間所累聚的文化思想、民

〔註3〕　見上海市文物保管委員會，《崧澤——新石器時代遺址發掘報告》，頁 121－124，文物出版社，1987 年。

〔註4〕　《見中國地質科學院地質研究所，聞廣，〈蘇南新石器時代玉器的考古地質學研究〉，《文物》，1986 年，期 10，頁 42－49。

〔註5〕　同註4，頁 42－49。

族情性，的確是淵遠流長，寓意深刻，其價值就絕非「工藝」兩個字，所能夠涵概衡量的了！

第二章　戰國時期玉器與社會發展間的關係

第一節　玉人的地位

　　戰國時期的手工業非常發達，而治玉的技巧更是卓越精湛，然而，這些治玉的技巧和匠人的名姓，卻從來不見記載，這其中所反映出的社會意義，的確令人深思：如果說玉人的地位不受重視，何以能產生高度精緻而又大量的玉器？若玉人的地位不低的話，那麼，又何以對玉人及治玉之事鮮少提及？本書試以文獻所載，就玉人的社會地位及治玉內容，略作整理剖析。

　　《周禮‧考工記‧玉人》載：「玉人之事，鎮圭尺有二寸，天子守之，命圭九寸，謂之桓圭，公守之，命圭七寸，謂之信圭，侯守之，命圭七寸，謂之躬圭，伯守之。」疏曰：「玉人之事者，謂人造玉瑞、玉器之事。」

　　《考工記‧總目》並謂：「國有六職，百工與居一焉。」

　　《禮記‧曲禮下》：「天子之六工曰土工、金工、石工、木工、獸工、草工，曲制六材。」注曰：「石工，玉人、磬人也。」疏曰：「玉人，謂作圭璧者，磬人作磬也，玉及磬同出於石，故謂石工也。」

　　《左氏‧襄‧十五》：「宋人或得玉獻諸子罕，子罕弗受，獻玉者曰：以示玉人，玉人以為寶也，故敢獻之。」

　　《孟子‧梁惠王下》：「今有璞玉於此，雖萬鎰必使玉人彫琢之。」

　　《荀子‧大略》：「玉人琢之，為天子寶。」

《韓非子‧和氏》：「厲王使玉人相之，玉人曰：石也。」

《漢書‧鄒陽傳》：「昔玉人獻寶，楚王誅之。」

從這些對玉人、百工的記載來看，玉人置於石工之下，是爲天子「六工」之一，應是先秦時期天子專用的匠人——工官制度的源起。至於《論語‧子張》所謂：「百工居肆，以成其事。」其中，對於「肆」字的解說，魏何晏集解作：「苞氏曰：言百工處其肆則事成，猶君子學以立其道也。」宋朱熹集注則稱：「肆，謂官府造作之處。」且不論「肆」字是指街肆或官府造作處，然而，春秋戰國之際，已有魯哀公時巧匠公輸班爲楚造雲梯的故實；〔註1〕《莊子‧天道》也有「桓公讀書於堂上，輪扁斲輪於堂下。」的記載，雖爲有名姓的工匠，然而，對於其身份地位的描述，仍多所闕漏，只是，根據文獻的描述，大匠輪扁，齊人，應爲桓公的工官（《考工記》中有輪人），而公輸班多所發明，行動自由，似已不在工官制度的束縛之下，這與戰國時期商業繁榮的社會現象也相吻合。

《周禮》一書，約成於戰國中晚期，其中的《考工記》，則對於當時的手工業分類，有詳盡的描述：「凡攻木之工七，攻金之工六，攻皮之工五，設色之工五，刮摩之工五，搏埴之工二。攻木之工：輪、輿、弓、廬、匠、車、梓：攻金之工：築、冶、鳧、㮚（栗）、段（鍛）、桃；攻皮之工：函、鮑、韗、韋、裘：設色之工：畫、繢、鍾、筐、㡛；刮摩之工：玉、楖、雕、矢、磬；搏埴之工：陶、旊。」

《孟子‧滕文公上》也有：「百工之事，固不可耕且爲也。」的記載。

都說明春秋戰國之際的手工業發達，並分工精細，不可混淆。在這樣一個講求分工的社會環境下，玉人，雖然只是匠人之屬，然而，卻也是王公諸侯所極力獲取寵幸的目標，以便誇示或炫耀個人的財富和地位。

春秋時期，以技有專精的手工藝人作爲政治上的交換，這樣的記載，屢見於典籍而不鮮；及至戰國時期，卻大多是以太子作爲人質而交換，如：

《左氏‧成‧二》有：「孟孫請往賂之，以執斲、執鍼、織紝，皆百人，公衡爲質以請盟。」作爲魯國向楚國求和的賄賂。

《國語‧晉語》也有「鄭伯嘉來納女工妾三十人、女樂二人。」向晉國求和的記載。或云：女工，有伎巧者也。

〔註1〕見四部叢刊正編，《戰國策》，卷10，頁1。

　　《戰國策‧秦策五》則有呂不韋「見秦質子異人」於趙；以及「燕太子質於秦。」的記載。

　　《戰國策‧楚策二》有「臣請秦太子入質於楚，楚太子入質於秦。」的記載。

　　《戰國策‧魏策二》：「魏內太子於楚。」；以及「龐蔥與太子質於邯鄲。」的史實。

　　《戰國策‧趙策四》趙太后新用事一章中，「齊曰必以長安君為質」，始出兵救趙等。

　　從這些記載來看，都說明在春秋時期，工商業仍不十分發達的社會裡，技有專精的百工，具有實用性的功能和價值，可作為貴族間貨賂的交換；至於戰國時期，強調的是土地兼併和征戰，再加上各國來往頻繁，交通發達，因此，作為政治上的交換多以太子為人質，而不再是具有手藝的百工；雖然，《國語‧晉語》也有「復其君而質其適子，使子代父處秦。」的記載，然而，卻畢竟是少數。這種隨著社會實質利益而變遷的觀點，也間接說明「百工」的身份和地位，由春秋時期作為「貨賂的工具」，以至戰國時期，在社會制度的解體下，成為可以獨立的「自由人」，這其中的關鍵，正在於春秋末期，貴族與百工（工官及其所屬業者）之間的許多紛爭，不僅促使工官制度的潰散，也造成百工業者憑藉著一技之長，在工商業發達的戰國時期展露鋒芒。其間，重要的紛爭，有下列數件，可作為佐證：

　　《左氏‧魯昭公‧廿二》：「王子朝因舊官、百工之喪職秩者，與靈景之族以作亂。」又，「單子使王子處守于王城，盟百工于平宮，……百工叛；己巳，伐單氏之宮，敗焉；庚午，反伐之；辛未，伐東圉（注：百工所在，洛陽東南有圉鄉。）。」這是周室貴族王子朝率百工與靈景之族對抗的記載，也說明工官制度在春秋末期曾遭受嚴重的考驗。

　　《左氏‧魯哀‧十七》：「公使匠久，公欲逐石圃，未及而難作，辛巳，石圃因匠氏攻公。」這是發生在工商業發達的衛國，國君並因而被殺。

　　其後，《左氏‧魯哀‧二十五》也有：「公使三匠久，使優狡盟拳彌，而甚近信之，故褚師比，……司徒期因三匠與拳彌以作亂，皆辦利兵，無者執斤（注：斤，工匠所執），……謀以攻公。」公敗而逐。都說明百工在其他貴族的支持下，由於權勢傾軋和爭奪，以至時有反抗「主人」的行為發生，並造成工官制度瀕臨瓦解的邊緣。

另外，《國語・晉語》曾有一段描述西周階級制度的文字：「公食貢，大夫食邑，士食田，庶人食力，工商食官，皂隸食職，官宰食加。」說明西周時期的手工業者（工），以及商人，其地位低下（介於庶人與皂隸之間），並受食於「官」，不能有個體自由的生產行為。

這一段文字的記載，說明了先秦時期百工地位的分野，由西周時期嚴格的階級畫分——工官制度，以至春秋末期，百工紛紛抗爭並獨立門戶，工官制度瀕臨瓦解，再加上鐵器的盛行，商業頻繁，因此，可以確定的是——戰國時期的百工，已經擺脫了「工商食官」的束縛局面（或仍有食於商賈、王侯者），而成為獨立新興的自由人。

而玉人的地位，隨著戰國時期百工地位的解放和提昇，以及整體創作環境的自由風氣，而有更多的發展和交流，這和出土文物求新、求變的時代風格也頗為相當。因此，本書在探討戰國時期社會發展的同時，對文獻記載不足的玉人，其身份、地位的轉變，以及創作思想的解放，特別予以分析和歸納，期望對戰國時期整體環境的認識，能有更深入的研究和發現。

第二節　政治作用

玉器的發展，到了戰國時期，的確起了很大的變化，這不僅是由於禮壞樂崩，制度潰散，以至造成玉器作用的改變，並影響形制上的創作，同時，玉器本身所具有的珍寶效益，也在富國強兵、追逐名利的風氣下，成為國族之間或人臣質換貨賂的媒介，其作用不可謂不廣泛。《史記・孔子世家》所謂：「分同姓以珍玉，展親；分異姓以遠方職，使無忘服。」說明春秋時期，即以「珍玉」作為鞏固王室力量的象徵。

戰國時期，玉器的政治作用大約可分為：瑞器、符節祭器、貨賂、國寶重器等意義。

1. 瑞器

作為朝覲或聘享之用。如：圭、璧、琮、璋、琥、笏、瑗、玦、環等。

《戰國策・東周》秦攻宜陽章有：「君謂景翠曰：公爵為執珪，官為柱國，戰而勝則無加焉矣。」

《戰國策・韓策三》也有「申不害與昭釐侯執圭而見梁君。」

《戰國策・楚策四》莊辛謂楚襄王，則有「襄王聞之，顏色變作，身體戰慄，於是乃以執珪而授之為陽陵君，與淮北之地。」

說明在春秋戰國之際，人臣朝覲或聘享，仍有執圭之禮。雖然，戰國時期，禮制大亂，諸侯僭越者，時有所聞，然而，兵馬倥傯之時，諸侯王公征戰爭奪，死多不得其所，因此，墓中出土的瑞器也大為減少，都說明當時政治制度的破壞無遺，也是可以理解。

2. 符節

如：璽印與兵符。先秦所用玉制者仍不普遍。《戰國策・魏策三》華軍之戰有「夫欲璽者制地，而欲地者制璽。」說明璽印所代表的政治意義。

3. 祭器

即六器。圭、璧、琮、璜、璋、琥，用以禮祭天地四方。戰國時期並不尚「禮」，雖仍有出土，卻不見完整的六器同時出現，是典籍所載有誤？或是戰國時期禮制敗壞所及？抑或出土不及處？則仍待考證。就目前出土發現，除了盟誓遺址仍見大規模的祭玉外，其餘則都少見，表示當時天子（周室衰微）、諸侯對禮祭天地四方的儀節，也多荒廢不振。

4. 貨賂

珠玉作為王公貴族間貨賂、饋贈的工具，是戰國時期極為盛行的方式。

《戰國策・東周》杜赫欲重景翠於周，謂周君曰：「君之國小，盡君之重寶珠玉以事諸侯，不可不察也。」說明小國事奉諸侯有以重寶珠玉之俗。

《戰國策・燕策二》蘇代為燕說齊。也有「臣請獻白璧一雙，黃金千鎰，以為馬食。」以如此厚重的金玉，貨賂淳于髡，作為引見齊王的報償，玉的價值，自可想見。

《戰國策・秦策三》則載范子因王稽入秦，獻書昭王曰：「臣聞周有砥厄，宋有結祿，梁有懸黎，楚有和璞，此四寶者，工之所失也，而為天下名器。」這4件「天下名器」，都是美玉，尤其是「完璧歸趙」的故事，更是歷史上傳頌千古的佳話，其故事雖未必真實，而其始作俑者，即是為了爭奪──璧。

《戰國策・楚策二》楚懷王拘張儀，也有「資之金玉寶器，奉以上庸六縣為湯沐邑，欲因張儀內之楚王。」想藉金玉寶器、土地，作為政治上釋放張儀的條件。

由以上這些記載來看，戰國時期，美玉最大且最常用的政治目的，就是作為貨賂的工具，這固然是由於美玉本身所具有的經濟效益，然而，戰國時期重利的政治風氣，才是不可忽視的重要因素。

5. 國寶重器

以金玉作為國之重寶而守之，其來有自，且淵源久遠。

《書‧盤庚》有言：「茲予有亂政同位，具乃貝玉。」注曰：「亂，治也。此我有治政之臣同位於父祖，不念盡忠，但念貝玉，言其貪。」可知貝玉之守，乃為國君之責，人臣不可僭越。這個觀念，遠自《書經》即有記載。

《國語‧魯語上》也有：「莒大子僕，殺紀公，以其寶來奔。」注曰：「寶，玉也。」由此可見，國之重器（吉金）不便携帶出亡他國，唯有以玉為重而奔，也說明當時社會對玉器重視的程度。

《戰國策‧趙策四》則載：「人主之子也，骨肉之親也，猶不能恃無功之尊，無勞之奉，以守金玉之重也，而況人臣乎？」更確切指明「守金玉之重」，是為「人主之子」的責任，因此，金玉對國家的重要和意義，自然不言可喻。而這段文字的出現，也再度肯定金（青銅）、玉同為國之重寶的重要性。

《戰國策‧燕策二》載樂毅攻齊，「齊王逃遁走莒，僅以身免，珠玉財寶，車甲珍器，盡收入燕。」也說明珠玉財寶，除了表示財富，更是國家重器，不可隨意掠奪。

因此，小國事諸侯須以重寶珠玉；國君出亡或掠奪，必以珠玉：而人君之守，也在於珠玉。珠玉作為國之重寶，並與「金」之地位相當，其所具有的政治作用往往為人所忽視，本節特別予以闡述，詳具其旨，並列舉出土實物，說明其中原委。

即以 1978 年湖北隨縣擂鼓墩所出土的曾侯乙墓為例，墓主的身份應屬諸侯國君，其隨葬出土的金、玉器物，則包含有：

1. 青銅禮器和用具——共 134 件

其中，青銅禮器包括食器、酒器和水器三類，共 117 件，青銅用具 17 件。其器表上並多刻有「曾侯乙」的銘文，而青銅禮器，除兩件大尊缶出自北室外，其餘全部出自中室，排列有序，並與編鐘、編磬等樂器同處一室，充份反映墓主生前享有禮樂的盛況。

2. 玉器——飾物有 246 件

大多出自墓主內棺，其放置部位大體是：墓主頭、腳各放少數，其餘分左右兩排或數排，自上而下放置。另有葬玉 64 件等。〔註2〕

〔註2〕見中國田野考古報告集，考古學專刊丁種第 37 號，《曾侯乙墓》，頁 175、176 及 401－429，文物出版社，1989 年。

從墓中豐富的銅器、玉器陪葬，即可發現：無論是質地、數量或出土位置來看，銅器、玉器的陪葬，都具有相當的重要性和代表性，尤其是玉器中的飾物，在質與量上，都具有相當的水平，而葬玉，更兼有「護尸」的作用，則是銅器所無法比擬處。

因此，美玉之所以成爲「天下名器」，爲天下所共寶；「和氏璧」之所以價值連城，甚或成爲秦、趙二國間隙的爭端，正在於美玉具有「國之重寶」的象徵意義，是以生前是爲諸侯王公爭奪的目標，死後則陪葬於墓中，美玉作爲「國之重寶」的政治作用，自然清晰可知了。

第三節　經濟作用

玉的價值不菲，並可作爲貨幣、珍寶的經濟效益，早在先秦之際，即已流傳。

《管子·國蓄》所謂：「玉起於禺氏，金起於汝漢，珠起於赤野，東西南北，距周七千八百里，水絕壤斷，舟車不能通，先王爲其途之遠，其至之難，故託用於其重，以珠玉爲上幣，以黃金爲中幣，以刀布爲下幣。三幣，握之，則非有補於煖也，食之，則非有補於飽也，先王以守財物，以御民事，而平天下也。」說明先秦時期即已以珠玉爲上幣，其價值並在黃金之上。

《說文通訓定聲》也有：「錢，叚借爲泉，古者貨貝而寶龜，周太公立九府圜法，乃有泉，至秦廢貝行錢。」〔註3〕也說明先秦時期以貝作爲貨幣的交易媒介。

同時，根據出土資料所見，古墓挖掘中的貝，就有：海貝、貼金貝、玉貝、玉仿貝等。如：

◎ 山西長治分水嶺126號戰國墓發掘中，即有海貝一千餘枚，另有包金箔者十餘枚。〔註4〕這樣大量的以貝陪葬，說明了古人以貴重物品爲葬的習俗，而「貼金貝」一事的愼重、珍貴，更說明古人對死事的敬愼，不敢絲毫懈怠。

◎ 另外，鄭家相在〈古代的貝化〉一文中，提及仿貝的行使，非金屬的有骨貝、蚌貝、石貝、玉貝等流傳。〔註5〕其中，玉貝形制不一，有形同骨貝

〔註3〕見朱駿聲，《說文通訓定聲》，乾部弟14，頁125，藝文印書館，64年3版。
〔註4〕見邊成修，〈山西長治分水嶺126號墓發掘簡報〉，《文物》，1972年，期4，頁43。
〔註5〕見《文物》，1959年，期3，頁66。

的，也有形同黃石貝的（與白石貝不同，製作較精，有如眞海貝），並有面刻陰文紀數字的，因製造時期、地區有別而不同，以作爲貴族餽贈、賚賞之用，並兼作飾物佩件，非一般平民所行使的貨幣，流傳也不多。

　　◎　至於朱活在〈關於我國古代貝幣的若干問題〉一文中則提及「非金屬的仿貝（玉貝可能有經濟意義）都是殉葬的裝飾品或冥幣（如陶貝）」，又言「玉本身就充當過物品貨幣，但是到了春秋戰國時期，玉仿貝也只能是裝飾品了。」〔註6〕

　　以貝作爲貨幣行使的時期雖然無法確定，然而，玉貝的意義，無論就經濟或裝飾作用而言，都具有極其珍貴的經濟效益，則是無庸贅言之事。

　　同時，戰國時期，以珠玉爲珍寶，這樣的說法，則屢見於典籍史料之中。

　　《國語・魯語上》：「鑄名器藏寶財。」注曰：「寶財，玉帛也。」

　　《管子・形勢解》也有：「鄰敵畏其威，雖不用寶幣事諸侯，諸侯不敢犯。」所謂「寶幣」，即指貴重之珠玉。

　　《呂氏春秋・制樂》：「幣帛以禮豪士。」注曰：「幣，圭璧。」也說明玉器的經濟作用。

　　而《戰國策》一書中，除了以黃金作爲交易、餽贈之外，珠玉之屬，更在黃金的交易、餽贈之上，成爲國族間，或國之大事所用。是以戰國時期，雖有《管子》一書載明「以珠玉爲上幣」之說，然而，由於珠玉之不易得，且不爲民間所通用流行，因此，以珠玉作爲貨幣的記載則仍少見，而多作爲珍寶之用，這與王侯墓中所發現大量隨葬的珠玉，也可互相作爲印證。

　　《戰國策・秦策五》所謂：「濮陽人呂不韋賈於邯鄲，見秦質子異人，而謂父曰：『耕田之利幾倍？』曰：『十倍。』『珠玉之贏幾倍？』曰：『百倍。』『立國家之主贏幾倍？』曰：『無數』。」

　　珠玉之贏利可致百倍之數，可知珠玉作爲貨幣的意義並不彰顯，而仍是以珍寶的經濟效益爲著，這種以「利」爲先的觀念，是強調「富國」政策的戰國時期，所普遍存在的經濟思想和風氣。

　　是以《孟子・梁惠王上》有「王曰：叟，不遠千里而來，亦將有以利吾國乎？」這樣直截的問話。

　　《戰國策・秦策一》也有張儀謂：「臣聞『爭名者於朝，爭利者於市』」的文字。

_____

〔註6〕見《文物》，1959年，期6，頁72。

　　從這些典籍記載，以及墓中的發掘，都可證明一個事實，那就是，自古以來，珠玉在中國人的心目中，具有極高的經濟價值。而其作用無論是作為貨幣或珍寶，都是人們極力獲取的目標，其經濟效益，自然不言可喻了。

第四節　社會影響

　　戰國時期，玉的政治、經濟作用非比尋常，已如前述。而玉器的發展和衍化，除了反映時代的特色外，並也受社會習俗、風尚所及，而有不同的意義和作用，今就戰國時期的社會發展和玉器關係，略作說明如下：

1. 禮制的衰微

　　由於周天子王室式微，無以號令諸侯，以至造成春秋戰國時期禮制衰頹，子弒父，臣弒其君者，時有所聞，此即《論語・顏淵》所強調的：「齊景公問政於孔子。孔子對曰：『君君、臣臣、父父、子子。』」的社會秩序，另外，《荀子・王制》也有：「君君臣臣、父父子子、兄兄弟弟，一也。」的記載，而戰國時期，這種人倫制度的破壞，不僅造成諸侯勢力的擴張，社會動盪，同時，在禮制束縛下的傳統思想與習俗，也一併潰散，尤其是在「富國強兵」的政策下，王公士夫所要求的是──如何對自己有利。於是，在亂世中，人人為求自保，相互競爭，迎合諸侯，從而激發出一股新生的力量，那就是：擺脫舊有的秩序和習俗（如：禮壞樂崩），並積極入世，樹立自家面目（如：九流之說）；這種蓬勃而強勁的生命力，自由創新的時代風氣，反映在玉器上，無論是玉器的形制、紋飾、意義、作用等，都產生了急遽的變化，並帶有酣暢成熟的自信，這是戰國時期的特色，也是中國玉器史上燦爛的顛峰。

2. 城邦的興起

　　自周初到戰國時期的社會結構，是城邦制度（國與家）的貴族政治。當時的王公士族，有所謂「同姓之卿」與「異姓之卿。」的分別。《史記・孔子世家》所謂：「分同姓以珍玉，展親；分異姓以遠方職，使無忘服。」集解韋昭曰：「展，重也。玉謂若夏后氏之璜。」說明春秋時期以玉璜作為鞏固宗室力量的象徵意義。及至戰國時期，貴族的勢力雖然無法極度擴展，然而，由於舊貴族的勢力，並豢養為數眾多的食客和游士，使其經濟力量大為伸張，甚至可以左右國家的經濟局勢，這類的勢力以戰國四公子最為代表。當時，雖不見以玉璜作為分封同姓的記載，然而，由於春秋、戰國時期相距不遠，

並有其承續相接的關係，是以不必定見於文獻，同時，根據墓中出土的玉璜，為數不少而且精緻，也可以相互印證，因此，以珍玉分封，不僅具有政治意義，且其所反映出的社會習尚及象徵寓意，更可顯示人們對美玉的寶愛及看重了。

3. 變法的成功

戰國時期，各國諸侯實施變法圖強，有所革新，對社會意識求新求變的觀念，以及社會經濟結構的改變，都有很大的衝擊與引發。

例如：李悝的土地改革政策，其內容在於極力推動農業，發展經濟，並實施「平糴法」，使魏國的經濟得以迅速發展，成為戰國初期強盛的國家，而其土地改革政策，對後來法家的經濟思想和制度，也有很大的影響。又如商鞅變法，以獎勵耕織，廢除稅役，並鼓勵個體經濟的發展為本，而後廢井田、開阡陌，統一度量衡，並承認土地私有制度，允許買賣，這些政策，不僅促進經濟自由發展，並使秦國成為西陲富強的國家，奠定統一天下的局面。這種日益富強更新的社會意識和價值觀，是當時盛行的時代風格，不可謂不反映在玉器的制作，以及運用效益上。

4. 士的興起

戰國時期，教育普及，知識份子憑藉著「富國強兵」政策，獻計於諸侯國君而重用於當時，這種「布衣而為卿相」、「平民與政」的政治風氣，並以「人」為本位的人文思想和精神，不僅帶動諸子百家學說的盛行，同時，更因知識份子個人享有高官厚祿，對於促進文化、經濟交流的層面，也更為蓬勃、精緻，而玉器的發展，本為士人所愛，其經濟效益自然提昇，而佩戴玉器的風氣，也就更為盛行了。

5. 交通發達

戰國時期的交通工具和遺址，目前所見出土仍有不足處，然而，點滴搜尋，見微知著，仍可就現存史籍中，窺其一二。

《左氏·昭·廿五》有「左師展將以公乘馬而歸。」疏曰：「正義曰：古者服牛乘馬，馬以駕車，不單騎也。至六國之時始有單騎，蘇秦所云車千乘，騎萬匹是也。」

《禮記·曲禮上》也有：「前有車騎，則載飛鴻。」的記載，疏曰：「然古人不騎馬故，但經記正典無言騎者，今言騎者，當是周末時禮。」按：《禮

記》一書，當是戰國中晚期所作，所謂「周末時禮」，應以東周時期較爲可信。以《史記·越王勾踐世家》有陶朱公中男殺人，欲往視之，「乃裝黃金千鎰，置褐器中，載以一牛車。」這樣的運輸工具只是掩人耳目而已！事實上，陶朱公三致千金三散之，不僅浮海出齊，更於天下交易有無，可知春秋時期的交通即已非常發達。同時，《史記·蘇秦列傳》也有：「車騎輜重。」「並相六國」的記載，可見當時的謀士、說客，已有充份的交通管道，並藉車、騎之便，可以自由出入各國。

　　至於水運方面，《論語·公冶長》即有：「道不行，乘桴浮於海。」之句，而陶朱公的「浮海出齊」，也說明春秋時期水運的便利；另外，《戰國策·楚策一》張儀說楚王曰：「秦西有巴蜀，方船積粟，起於汶山（即岷山），循江而下，至郢三千餘里，舫船載卒，一舫載五十人，與三月之糧，下水而浮，一日行三百餘里，里數雖多，不費汗馬之勞，不至十日，而距扞關，扞關驚，則從竟陵以東，盡城守矣。」這樣詳盡的描述，可知當時西北內陸地區，已有熟練的舟楫運輸，可以順江直下三千餘里而不費汗馬之勞；同時，《史記·河渠書》也詳載：「滎陽下引河東南爲鴻溝（即今之汴河），以通宋、鄭、陳、蔡、曹、衛，與濟、汝、淮、泗會於楚；西方則通渠漢水、雲夢之野；東方則通鴻溝，江淮之間；於吳，則通渠三江、五湖；於齊，則通菑、濟之間；於蜀，蜀守冰鑿離碓，辟沫水之害，穿二江成都之中。此渠皆可行舟，有餘則用漑浸，百姓饗其利。」這樣水路交錯的渠道，縱橫江河湖泊，不僅可以行舟，更可以興灌漑之利，造成春秋戰國時期，農業發達，商業頻仍的社會現象，而玉器的流通及相互影響，也就在便利的交通中繁榮滋長，盛行不墜了。

6. 商業發達

　　手工業的振興，冶鐵技術的改進，以及富國強兵的政策，這是造成戰國時期工商業繁榮的重要因素。在這樣重利的社會環境下，是以百工紛紛興起，自由競爭，再藉著便利的交通，互傳有無，以至造就出許多富裕的大商人，如：善於煮鹽的猗頓，長於煉丹的巴寡婦清，因冶鐵而致富的郭縱和卓氏，都成爲富比王侯的成功商人，不僅促進社會發展，對經濟的繁榮，也有相當的助益，而價值珍貴的玉器，唯有在商業發達的社會環境下，才能更蓬勃興起了。

7. 佩玉的盛行

佩玉，不僅顯示財富與地位，更是身份的表徵。戰國時期出土的玉飾極為豐富，而且，玉器作為禮器的作用式微，佩玉的風氣，在強調富國強兵的政策，以及重利的社會風氣下，自然興盛，這個現象，可以從墓中豐富的玉飾陪葬，及楚墓彩繪木俑的描繪而得到印證（見第三章第一節），尤其是大型成串玉飾的佩飾習俗，仍保留石器時代（玉器文化）的原始面貌，這種強調財富，並具有濃厚裝飾性的作用，是敬畏鬼神的商朝，以及尊崇禮制的西周，所少見的現象，而商與西周，正是青銅器興起的時代，這種材質間的相互消長，以及玉器的發展至戰國又再現另一高峰，漢之後則沈靜平息，這其中的演化過程，有如玉器時代的迴光反照，不可阻遏，也無法挽留，當然，這與時代風氣「尚玉」也有關聯，戰國時期對玉的重視及運用效益，已見於前兩節的敘述，而戰國時期，將珍貴的玉石，以及原本以禮祭天地神明作用為重的玉器，精雕細琢後，大量佩掛在身上，這也多少反映戰國時期突破禮制窠臼，不因襲前規，以及對傳統制度反動的時代精神。

8. 厚葬的風氣

戰國時期，是一個盛行厚葬的時代，這樣的記載，屢見於典籍中而不鮮。《史記‧蘇秦列傳》所謂：「齊宣王卒，湣王即位，說湣王厚葬以明孝，高宮室大苑囿以明得意。」這種誇耀財富的厚葬風氣，直到秦始皇而達一高峰，《史記‧秦始皇本紀》載始皇初即位，治驪山陵墓一事，即有「宮觀百官奇器珍怪徙臧滿之」的記載，因此，戰國時期盛行厚葬，這是可以肯定的社會風氣。而墓中出土的器物，吉金（青銅）已不再是時代的主流，唯有玉器的象徵寓意仍然豐富，無論是儒家思想或道家思想，當時的社會風尚，都對玉器的評價予以相當的尊崇，因此，玉器在諸子百家的學說中，雖然各賦予不同的意義和精神，然而，卻更增強了玉器的作用和價值。

玉器的發展和盛行，和時代性有不可分隔的重要關聯，作為玉器研究，唯有條理脈絡，扼其大要，才能真正掌握玉器發展的線索和流變，並作為文獻印證的佐證。

第五節　哲學思想

戰國時期，由於教育普及，再加上社會動盪，禮制衰微，於是，各家學說紛乘並起，想要在混亂的局勢中，獨樹一幟，並開創新的局面。

當時，各家思想中，有所謂諸子百家，九流之說盛行於世，此即《漢書‧藝文志》中所謂「凡諸子百八十九家，四千三百二十四篇，諸子十家，其可觀者九家而已！皆起於王道既微，諸侯力政，時君世主，好惡殊方，是以九家之術，蠭出並作，各引一端，崇其所善，以此馳說，取合諸侯，其言雖殊，辟猶水火，相滅亦相生也，仁之與義，敬之與和，相反而皆相成也。易曰：天下同歸而殊塗，一致而百慮。今異家者，各推所長，窮知究慮，以明其指，雖有蔽短，合其要歸，亦六經之支與流裔。」至於九流之說，則包含——儒家流、道家流、陰陽家流、法家流、名家流、墨家流、縱橫家流、雜家流、農家流等。在孔子刪詩書，訂禮樂，贊周易，修春秋之後，諸子卻又各自汲取六經部份或精要，成為九流之旨。而在這些流派中，又以儒、道二家是為中國文化的主流，長久以來，相輔相成，並支配中國人的思想和行為。

　　戰國時期，各家學說的思想有消有長，然而，在這些流派中，對玉器的影響和作用，又有何關聯呢？今以《漢書‧藝文志》並典籍所載，作為融會的線索而條理之。

1. 儒家流

　　蓋出於司徒之官，助人君，順陰陽，明教化者也，游文於六經之中，留意於仁義之際，祖述堯舜，憲章文武，宗師仲尼，以重其言，於道最為高孔子。而其以玉比德、比君子，是儒家學說長久以來的一貫思想，並影響中國文化非常久遠。

　　《詩‧秦風‧小戎》所謂：「言念君子，溫其如玉。」鄭玄箋云：「玉有五德。」唐孔穎達疏曰：「聘義云：君子比德於玉焉，溫潤而澤，仁也；縝密以栗，知也；廉而不劌，義也；垂之如墜，禮也：孚尹旁達，信也。」

　　《禮記‧聘義》也有「子貢問於孔子曰：『敢問君子貴玉而賤碈者，何也？為玉之寡而碈之多與？』孔子曰：『非為碈之多故賤之也，玉之寡故貴之也，夫昔者君子比德於玉焉。溫潤而澤，仁也；縝密以栗，知也；廉而不劌，義也；垂之如隊，禮也；叩之其聲，清越以長，其終詘然，樂也：瑕不揜瑜，瑜不揜瑕，忠也：孚尹旁達，信也：氣如白虹，天也；精神見於山川，地也：圭璋特達，德也：天下莫不貴者，道也。詩云：『言念君子，溫其如玉。』故君子貴之也。」這樣詳盡的描述，說明春秋戰國時期，儒家思想中，以玉比德的觀念，並具有——仁、知、義、禮、樂、忠、信、天、地、道等美好精神的象徵，而其淵源則可遠溯自三千五百年前《詩經》的時代。是以古人愛

玉、佩玉、敬玉、葬玉，其來有自，並以玉比君子之德，其意義就非一般經濟價值的器物所可比擬的了。

　　2. 道家流

　　蓋出於史官，歷記成敗存亡禍福，古今之道，然後知秉要執本，清虛以自守，卑弱以自持，此君人南面之術也，合於堯之克攘，易之嗛嗛，一謙而四益，此其所長也，及放者為之，則欲絕去禮學兼棄仁義，曰：獨任清虛可以為治。至於春秋戰國時期，道家者流對玉的價值和作用，仍不脫一般政治、經濟效益。

　　《老子‧運夷》第九所謂：「金玉滿堂，莫之能守。」

　　《老子‧法本》第三十九則謂：「不欲琭琭如玉，落落如石。」注曰：「琭琭，喻少；落落，喻多。玉少故見貴，石多故見賤。」

　　《老子‧同異》第四十一更有「大器晚成」之句。注曰：「大器之人，若九鼎瑚璉，不可卒成也。」

　　可知《老子》一書中，仍是將玉當做珍貴的器物而已！出現的次數並不頻繁。

　　至於《莊子‧馬蹄》則有「白玉不毀，孰為珪璋。」

　　《莊子‧胠篋》：「擿玉毀珠，小盜不起。」

　　《莊子‧天地》：「藏金於山，藏珠於淵，不利貨財，不近富貴。」

　　《莊子‧田子方》：「緩佩玦者，事至而斷。」都說明玉器的意義和作用。

　　《莊子‧列禦寇》：「莊子將死，弟子欲厚葬之。莊子曰：『吾以天地為棺槨，以日月為連璧，星辰為珠璣，萬物為齎送。吾葬具豈不備邪？何以加此！』」

　　《莊子》一書，雖不乏後人偽作，然於戰國時期之習俗，仍可反映一二，尤其是厚葬的風氣，雖有孔子、莊子的極力反對，卻仍可見當時風氣之盛。而道家者流，縱使莊子所謂「吾以天地為棺槨，以日月為連璧，星辰為珠璣，萬物為齎送。吾葬具豈不備為？何以加此！」之句，然而，從這些文字中，卻間接說明當時道家厚葬的習俗，也仍是以璧玉、珠璣為陪葬的器物。

　　及至兩漢、魏晉時期，道家神仙之說多以玉屑作為長生不死的仙藥，或有餐玉屑的記載。

　　《三國志‧魏志‧衛顗傳》即言「昔漢武信求神仙之道，謂當得雲表之露，以餐玉屑。」

　　《三輔黃圖》也有武帝造神明臺以祭仙人，並「以露和玉屑服之，以求仙道。」

　　《本草綱目‧玉屑》更在「修治」一句下注曰：「弘景曰：玉屑是以玉爲屑，非別一物也，仙經服穀玉，先搗如米粒，乃以苦酒焙消，令如泥，亦有合爲漿者，凡服玉屑皆不得用已成器物，及塚中玉璞，恭曰餌玉。當已消作水者爲佳，屑如麻豆，服者取其精潤，臟腑滓穢，當完出也；又爲粉，服者即使人淋壅，屑如麻豆，其義殊深，化水法在淮南三十六水法中。」另外，書中又詳載服食玉屑的作用，「氣味甘平無毒，主治除胃中熱、喘息、煩滿、止渴，屑如麻豆服之，久服輕身長年，潤心肺，助聲喉，滋毛髮，滋養五臟，止煩躁，宜共金銀、麥門冬等同煎服有益。」這樣詳盡的記載，說明古人藉食玉屑以求長生的渴望，而其流傳久遠，並延至明代。

　　這種餐食玉屑的文字，雖不見於戰國時期，然而，根據《莊子‧逍遙遊》對神人的記載是「肌膚若冰雪，淖約若處子，不食五穀，吸風飲露，乘雲氣，御飛龍，而遊乎四海之外。」也是超脫於一般凡人之上，因此，戰國時期，道家者流雖不見食玉屑的記載，然而，「不食五穀，吸風飲露」，卻也說明仙人所食，與凡人大爲不同，而吸收天地精華的玉器，既可作爲人死後「護尸」之用的器物，那麼，生前服食餌玉，以求成仙或長生，也是可以理解的行爲了。《周禮‧天官‧冢宰下》所謂「玉是陽精之純者，食之以禦水氣。」鄭司農云「王齊當食玉屑」其意便可理解。

3. 陰陽家流

　　蓋出於羲和之官，敬順昊天、歷象、日月、星辰，敬授民時，此其所長也，及拘者爲之，則牽於禁忌，泥於小數，舍人事而任鬼神。

　　至於今所存陰陽家者流，如：鄒衍、鄒奭，其文獻多不足，且並未言及與玉之關係，暫略。

4. 法家流

　　蓋出於理官，信賞必罰，以輔禮制，易曰：先王以明罰飭法，此其所長也，及刻者爲之，則無教化，去仁愛，專任刑法而欲以致治，至於殘害至親，傷恩薄厚。然而，信賞必罰的法家，又與玉有何關聯呢？

　　《韓非子‧八姦》所謂：「爲人臣者，內事之以金玉，使惑其主，此之謂同牀。」又言「爲人臣者，內事比以金玉玩好，外爲之行不法，使之化其主，此之謂在旁。」這是強調富國強兵的法家，藉著金玉的政治、經濟作用，作

爲迎合的工具以達成目的。

5. 名家流

蓋出於禮官，古者名位不同，禮亦異數，孔子曰：「必也正名乎，名不正則言不順，言不順則事不成。」此其所長也，及謷者爲之，則苟鉤鈲析亂而已。

強調「刑名而責實」的名家，也有《尹文子》一書中，魏田父得寶玉而以爲石的記載，[註7] 並藉以說明世間名實與是非之理，而於玉的意義和作用則少言及。

6. 墨家流

蓋出於清廟之守，茅屋采椽，是以貴儉，養三老五更，是以兼愛，選士大射，是以上賢，宗祀嚴父，是以右鬼，順四時而行，是以非命，以孝視天下，是以上同，此其所長也，及蔽者爲之，見儉之利，因以非禮，推兼愛之意而不知別親疏。

《墨子·辭過》有言：「當今之王，其爲衣服則與此異矣！冬則輕煖，夏則輕清，皆已具矣！必厚作歛於百姓，暴奪民衣食之財以爲錦繡文采，靡曼衣之，鑄金以爲鉤，珠玉以爲佩，女工作文采，男工作刻鏤，以身服此，非云益煖之情也，單財勞力，畢歸之於無用。」

《墨子·節葬》也有：「諸侯死者，虛車府，然後金玉珠璣比乎身。」說明當時厚葬的風氣。

墨家者流，強調的是節用、節葬、明鬼、非樂、非儒等觀念，在戰國時期，可謂是亂世中思想界之清流，其儉約自制，信徒者眾，並可與儒家學說相抗衡，而其對珠玉等身外之物，自然極爲排斥，其後學者愈益褊狹，墨家精神也日益衰頹不振。

7. 縱橫家流

蓋出於行人之官，孔子曰：「誦詩三百，使於四方，不能顓對，雖多亦奚以爲。」又曰：「使乎！使乎！」言其當權事制宜，受命而不受辭，此其所長也，及邪人爲之，則上詐諼而棄其信。

《史記·李斯列傳》有：「陰遣謀士齎持金玉以游說諸侯。」的記載。

《史記·蘇秦列傳》：「夫驕君必好利，而亡國之臣必貪於財，王誠能無羞，

〔註 7〕見四部叢刊正編，《尹文子》，頁 8。

寵子母弟以爲質，寶珠玉帛以事左右，彼將有德燕而輕亡宋，則齊可亡矣！」

可知善於謀略權變的游士，也是以金玉作爲政治上的籌碼，而玩弄於股掌之間。

8. 雜家流

蓋出於議官兼儒墨合名法，知國體之有此，見王治之無不貫，此其所長也，及盪者爲之，則漫羨而無所歸心。

《呂氏春秋·季春紀》有：「天子居青陽右個，乘鸞輅，駕蒼龍，載青旂，衣青衣，服青玉，食麥與羊，其器疏以達。」其中，「服青玉」是仿《周禮》制度而行，使合禮制。

《呂氏春秋·觀表》也有：「郈成子爲魯聘於晉過衛，右宰穀臣止而觴之，陳樂而不樂，酒酣而送之以璧。」則是藉「送璧」一事，而觀察人之品德、心志。

9. 農家流

蓋出於農稷之官，播百穀，勸耕桑，以足衣食，故八政一曰食、二曰貨，孔子曰：所重民食，此其所長也，及鄙者爲之，以爲無所事聖王，欲使君臣並耕，誖上下之序。」

農家者流，其說今多不傳，或以爲後人所託，所談農耕之事，與玉器的關聯不大，且置於此，聊備一格。

總而言之，戰國時期，思想紛乘，而九流之說，除了陰陽家、農家者流，較少提及金玉，墨家者流則極力反對奢靡之風外，其餘多與玉器有密不可分的關聯，玉器，不僅是財富、地位的象徵，並具有珍貴的政治、經濟效益，形而上者，甚或比德於君子，是以王公貴族，士夫走卒，無論是仁者或霸者，都寶玉、愛玉、敬玉、佩玉了。

第三章　戰國時期玉器的形制

第一節　佩　玉

一、佩玉的意義與作用

　　中國，是一個愛玉的民族。自良渚文化發掘中，即已發現大量的玉石，以及成串的珠管玉飾，這些發掘，都說明當時的習俗與風尚；同時，在先秦典籍中，也有許多和佩玉有關的記載，詳細說明其意義和作用，不只是佩戴美觀而已！還具有君子象徵，節行止的行為規範。可知中國人愛玉，佩玉的習俗，其來有自，並非無的放矢之舉，今就典籍中所載，略舉例如下：

　　《詩‧鄭風‧有女同車》所謂：「有女同車，顏如舜華，將翱將翔，佩玉瓊琚，彼美孟姜，洵美且都。有女同行，顏如舜英，將翱將翔，佩玉將將，彼美孟姜，德音不忘。」說明古人喜好佩玉的習俗。

　　《詩‧鄭風‧女曰雞鳴》：「知子之來之，雜佩以贈之，知子之順之，雜佩以問之，知子之好之，雜佩以報之。」毛詩傳曰：「雜佩者，珩、璜、琚、瑀、衝牙之類。」鄭玄箋：「我若知子之必來，我則豫儲雜佩，去則以送子也。」說明古人以雜佩作為饋贈的禮物，且形式多樣。

　　《詩‧秦風‧渭陽》也有：「我送舅氏，悠悠我思，何以贈之，瓊瑰玉佩。」的記載。

　　《詩‧衛風‧淇奧》則以玉象君子之文章、威儀和舉止。如：「有匪君子，如切如磋，如琢如磨。」、「有匪君子，充耳琇瑩，會弁如星。」、「有匪君子，如金如錫，如圭如璧。」

《詩·秦風·小戎》也有「言念君子，溫其如玉。」之句，並謂玉有五德，以比君子，即「仁、知、義、禮、信。」是也（見唐孔穎達疏）。

《禮記·玉藻》則謂：「古之君子必佩玉。」又謂「凡帶，必有佩玉，唯喪否，佩玉有衝牙，君子無故玉不去身，君子於玉比德焉。」是以玉比君子之德，並說明除了喪事之外，「玉不離身」是爲古之習俗。

《論語·鄉黨》也有：「去喪無所不佩。」孔安國曰：「非喪則備佩所宜佩也。」

《國語·周語中》：「先民有言曰：改玉改步。」韋昭注：「玉，佩玉，所以節行步也。君臣尊卑遲速有節，言服其服，器行有禮。」

《漢書·五行志》：「行步有佩玉之度。」師古曰：「玉佩，上有雙衡，下有雙璜，琚瑀以雜之，衝牙玭珠以納其間，右徵角而左宮羽，進則掩之，退則揚之，然後玉鏘鳴焉，是爲行步之節度也。」則是以佩玉作爲行步之節制，不使慌亂踰禮。

由這些記載可知，古人喜好佩玉，早於《詩經》中即見，當時並以治玉之事比擬君子之德；除了喪事之外，必然佩備齊整；而春秋戰國時期，不但肯定了君子佩玉的習俗，並有「節行步」之說以爲規範，這個習俗，流傳至漢朝仍可見。可知先秦時期，佩玉的意義與作用不再只是美觀和裝飾而已！甚至將玉賦予君子象徵，使之崇高化、人格化、道德化，並與社會規範相比擬，這是中國人對玉的特殊情感，也是長久以來，中國人始終愛玉、佩玉的純眞性情。

二、戰國時期佩玉的特色

戰國時期，是中國治玉史上極爲輝煌的一個時代，其間，佩飾玉器最大的特色，就是大型成組玉飾的出現，這與過去多爲小型、簡單的串飾，有極爲顯著的差異，雖然，良渚文化也有許多玉串飾，然而，其形制多爲珠、管，仍是小而簡略，無法與戰國時期相比擬。

戰國時期，由於政治動盪，制度變遷，禮壞樂崩，諸子百家學說並陳，當時，社會秩序雖然不定，然而，風氣極爲自由奔放，因此，反映在玉器的紋飾、形制上，也極爲大膽生動，面貌多樣，並急遽擺脫過去傳統的束縛，不再受禮制約束，再加上鐵器盛行，手工藝技術提高，不同材質的金屬混合使用，或鑲嵌玉石，也使玉飾的藝術價值大爲提高。

前言，《詩・鄭風・女曰雞鳴》章有「雜佩以贈之」之句，毛詩傳曰：「雜佩者，珩、璜、琚、瑀、衝牙之類。」說明當時以雜佩相贈的習俗，但是，卻並未肯定將雜佩串成組飾而佩戴；及至春秋時期，《國語・周語中》有「改玉改步。」之句，才眞正確立了「組飾」的意義，以玉飾若不成組，則無法有「節行步」的作用。這樣的記載，更詳見於前言《漢書・五行志》中的說明，可知自春秋戰國時期以來，懸佩成組的玉飾，已是當時風行的習俗。

同時，戰國時期，人們喜歡佩飾成組大型的玉器，不僅見於典籍記載，更可見於實物描繪。例如：信陽楚墓二號墓所出土的漆繪木俑上，即可明顯而具體地發現：在木俑腹部以下，飾有珠、璜、彩環、彩結等串成的佩玉（彩圖1，線圖1），〔註1〕並以彩「帶」相聯結，這與「佩」、「帶」等字從「巾」的意義也相符合；這樣不厭其繁的大型裝飾，固然與「節行步」的意旨有所關聯，然而，作爲裝飾美觀的作用，也是不可等閒忽視。

至於郭寶鈞、郭沫若先生所繪「戰國時代佩玉圖」，與此相較，則不免略嫌繁蕪，並仍有可斟酌處（線圖2、3）。〔註2〕

另外，現存美國弗利爾美術館（The Freer Gallery of Art），傳爲洛陽金村韓墓出土的玉佩飾（彩圖2，線圖4），〔註3〕則是頸飾中非常華麗的玉飾組合，上部以三只小玉管排列成 T 形，並下垂一對玉雕舞伎，而左右和下方又各有一個玉管，並以金鏈串成，垂掛 1 件雙龍玉佩，同時，在橢圓形的龍身上又各伸出一隻後爪，爪下懸 1 件糾龍形的玉飾，姿態盤曲矯健。這 1 件頸飾，長 40.8 厘米，懸掛時，舞伎垂於背後，其中，6 件玉管及龍形佩飾都雕琢精緻，並作穀紋紋飾，是戰國時期所流行的式樣，然而，最特殊的，就是那對玉雕舞伎，舞者鬢髮卷曲，長裾窄袖，斜裙繞襟，腰繫大帶，充份表現舞者輕盈曼妙的姿態，這種活潑生動的造型，是強調禮制的西周，以及崇尚鬼神的殷商民族，所不曾出現過的作品。

另外，洛陽中州路 2717 號墓出土的三組玉佩飾，其中兩組依次懸掛玉璧、鎏玉、紫晶珠、糾龍形玉佩（線圖 5）；另一組則以玉璜爲掣領，下分三行，

〔註1〕 見中國田野考古報告集，考古學專刊，丁種第 30 號，《信陽楚墓》，頁 114，文物出版社，1986 年。

〔註2〕 見郭寶鈞，〈古玉新詮〉，頁 11－21，《中央研究院歷史語言研究所集刊》第二十本下冊，民國 37 年。

〔註3〕 見賈峨，〈關於河南出土東周玉器的幾個問題〉，《文物》，1983 年，期 4，頁：75－88。

中間一行繫長條形玉和二料珠，外側兩行各繫1件獸形玉器（線圖6），〔註4〕形制也都非常可觀，並由不同材質的飾物串成，更見其華麗豐富，變化多樣，這種不同材質組合式的佩戴習俗，盛行於戰國時期，直到漢朝，也仍可見。同時，由出土發現，戰國時期的佩飾組合，雖仍可見《漢書·五行志》的玉佩組合形式，然而，卻未必呆板而形式化，也可知戰國時期成組大型玉飾活潑多變的風格，到漢朝而漸趨定型。

　　同時，河南信陽楚墓1號墓中有錯金嵌玉鐵帶鉤出現（圖1），鐵質S形的鉤身已氧化為紅褐色，上並鑲嵌有四塊金質蟠螭紋浮雕，其間又有三塊穀粒紋方玉（出土時已缺一塊），磨製精細，質地晶瑩潤澤，浮雕外側並飾有錯金虯紋，鉤首為錯金龍首形，背面有扁圓鉤，整體華麗，是鑲嵌藝術中極為特殊的 1 件。這種混合不同材質，手工藝精湛的鑲嵌技術，也可見於同墓 2 號墓出土的 2 件嵌玉漆几（彩圖3），〔註5〕在通體髹黑漆的几上，立板的外面及橫板的側壁上，均勻地鑲嵌著白玉 20 塊，玉的體積約為 1.5 立方厘米，形狀不規整，顏色潔白，這種將玉石鑲嵌在漆木製品的做法，早在良渚文化中的「朱漆嵌玉高柄杯」即見，〔註6〕而戰國時則仍少見。

　　因此，大致說來，戰國時期佩飾玉器最大的特色，可列舉為：

1. 成組大型玉飾的盛行，風格獨特而不呆板。
2. 形制活潑，面貌多樣，擺脫禮制和崇尚鬼神祭祀的束縛。
3. 不同材質玉石的搭配組合。
4. 不同金屬的冶鍊與玉石的組合。
5. 鑲嵌技術的發達，使玉石的運用更為普遍。

　　這種種因素的形成，造成戰國時期治玉風氣極盛，且形制極為輝煌亮麗，這不僅顯示戰國時期高度手工藝技巧的水平，也說明當時佩玉風氣的習尚，並在傳統的技巧、形式中，有求新、求變的時代特色，這是戰國時期的特殊風格，也是戰國時期玉器發展達至顛峰的重要因素。

三、髮飾、耳飾

　　古人束髮、安髮、飾髮，其來已久，而人死之後，以桑木枝條（音同「喪」）

〔註4〕同註3，頁77。
〔註5〕見《信陽楚墓》，頁63、102。
〔註6〕見浙江省文物考古研究所，〈餘杭瑤山良渚文化祭壇遺址發掘簡報〉，《文物》，1988年，期1，頁35、36。

安髮，也見於典籍記載（參「葬玉」一節），因此，墓中所見玉製的髮飾，如：玉梳、玉笄、玉簪等，應多為生前器物，並作為死後陪葬所用，這一類的佩飾器物，在墓中出現並不太多，然而，根據考古發現，遠在山西襄汾陶寺龍山文化晚期墓葬中，已有玉梳出土；而殷商婦好墓中，也有精緻且大量的髮飾發掘，計有：玉梳 2 件（圖 2）、玉笄 28 件（圖 3），骨梳 1 件、骨笄 499 件。說明以玉飾髮的習俗，早在新石器時代晚期即已存在；同時，殷商婦好墓的發掘，也說明貴為武丁愛妾的婦好，由於地位尊顯，不僅擁有許多豐富的玉器，而髮飾也以質地堅硬耐久的玉、骨器隨葬，並不必定以桑木為葬（桑木易腐），這種特殊的現象，應與墓主的性別有關，也代表著權勢地位的象徵，並不常見於一般墓葬；至於戰國時期，雖然目前出土所見的髮飾有限，卻仍可約略整理如下：

◎ 曾侯乙墓出土玉梳 1 件，在墓主頭下，器體扁薄，略呈梯形，齒口大於梳背，自梳背至齒部，厚度漸減，齒尖處極薄，梳 23 齒，齒部平素無紋，梳背雙面陰刻雲紋和斜線紋（彩圖 4，線圖 7），〔註7〕形制已相當成熟。

◎ 山西省潞城縣潞河戰國墓也有出土玉笄 2 件的記載（圖 4），〔註8〕可作為裝飾，並有穩固髮髻或頭冠的作用。

玉製髮飾在墓中出現的不多，這並不意味古人不以玉飾髮，因為，在春秋中期河南淅川下寺一號墓的楚國墓葬，也有玉梳、玉簪出土（圖 5），而且形制與戰國時期類似，說明古人的髮飾已經相當發達，然而，人死之後，以桑木入斂的習俗由來已久，因此，若非地位尊顯，未必以玉髮飾隨葬，髮飾的少見，也就可以理解。

《史記‧外戚世家》有：「帝譴責鉤弋夫人，夫人脫簪珥叩頭。帝曰：『引持去，送掖庭獄。』夫人還顧，帝曰：『趣行，女不得活。』夫人死雲陽宮。」的記載，說明「脫簪珥」有分離之意，這樣的習俗，有如為官者因故去職，必脫烏紗帽，解髮之意一般，是以墓中少見髮飾，應可作如是解。

同時，根據墓中出土的耳飾，也不多見，其意也應是「脫簪珥」之故使然。

─────────────────

〔註7〕見中國田野考古報告集，考古學專刊丁種第 37 號，《曾侯乙墓》，頁 430，文物出版社，1989 年。

〔註8〕見山西省考古研究所、山西省晉東南地區文化局，〈山西省潞城縣潞河戰國墓〉，《文物》，1986 年，期 6，頁 13。

《儀禮·士喪禮》謂：「瑱用白纊。」唐賈公彥疏：「瑱，塞耳，詩云：充耳，充即塞也。生時人君用玉，臣用象，又著詩云：充耳以素，充耳以黃之等。注云：所以懸瑱，則生時以黃以素，又以玉、象等為之，示不聽讒，今死者直用纊塞耳，而已異於生也。」說明先秦時期懸瑱以示不聽讒言的習俗，死後則塞新綿，以別生死，是以墓葬中少見耳飾。

《戰國策·齊策三》有「齊王夫人死，有七孺子者皆近，薛公欲知王所欲立，乃獻七珥，美其一，明日視美珥所在，勸王立為夫人。」的記載。可見戰國時期女子仍有耳飾的習俗，其形制並多作珠形，或不圓者，而墓中少見耳飾出土，除與當時女子墓葬的風氣不興，並應與「脫簪珥」別生死的社會風氣有關，是以生時懸瑱，死時以新綿塞耳，並以他物作為取代隨葬物品所造成的結果（參本節言「玦」的部份）。

四、玉纓

玉纓，就是指帽帶，是古人於帽上垂繫之用。

《左氏·僖·二十八》有：「初，楚子玉自為瓊弁玉纓，未之服也，先戰，夢。」晉杜預注，「弁以鹿子皮為之，瓊，玉之別名，次之以飾弁及纓，詩云：會弁如星。」可知「玉纓」的使用，於春秋時期即已盛行。

1978 年湖北隨縣擂鼓墩曾侯乙墓中，在墓主的下頜，曾發現 1 件十六節龍鳳玉掛飾（彩圖 5），這件玉飾是由五塊玉料琢治而成，全長 48 厘米、厚 0.5 厘米、最寬處為 8.3 厘米，全器完整，青白色，共分十六節，出土時，作卷折狀放置，拉開後，則成為一條龍。同時，在這十六節玉飾中，有四個活環是由金屬插榫接成，可拆開解成五組，其餘活環則是鏤空雕成，不可分隔。至於各節雖然大小不一，然而，卻全都是透雕成龍、鳳、環璧等形狀，並於其上雕琢細部，以及蛇紋、穀紋、雲紋、線紋等，總計全器共雕琢有 37 條龍、7 隻鳳、10 條蛇等，且其形象纏繞糾結，栩栩如生，並多相互對稱，其製作之精巧、繁複，玲瓏剔透，可說是戰國時期治玉技術的絕品。

至於說到這件玉飾的用途，根據漢劉向《說苑·復恩》有「楚莊王絕纓之會」的記載，並又卷折出土於下頜位置，因此，很有可能是帽子上的裝飾品——玉纓（即帽帶）；另外，也有人認為是玉佩，說法仍見紛歧。

然而，《荀子·非十二子》有：「學者之嵬容，其冠絻，其纓禁緩，其容簡連。」之句。下並有唐揚倞注曰：「絻當為俛，謂太向前而低俯也。纓，冠

之繫也。綮緩，未詳；或曰：讀爲紟紟，帶也，言其纓大如帶而緩也。」此意說明學者儀容，須莊矜自持，而佩戴纓冠，則求其舉止端正謙抑，「其纓大如帶而緩也」，實有「節行止」之意，不使匆忙慌亂。因此，曾侯乙墓中，置於墓主下頷，華麗精緻的十六節龍鳳玉掛飾，其意義與作用當爲玉纓，其形寬大如帶，並可調節長度，端正儀止，作爲帽帶裝飾，自然清晰可知了！

五、璧

　　璧，爲瑞玉之一，形平圓，中有圓孔，邊寬爲內孔半徑之倍，所謂「肉倍好謂之璧」。

　　《周禮·春官·大宗伯》所謂：「以璧作六器，以禮天地四方，以蒼璧禮天。」

　　《周禮·秋官·小行人》：「璧以帛。」注曰：「五等諸侯享天子用璧。」

　　《周禮·春官·典瑞》也有「璧琮以斂尸。」的記載。

　　《戰國策·秦策一》蘇秦始將連橫章，則有「趙王大說，封爲武安君，受相印，革車百乘，錦繡千純，白璧百雙，黃金萬鎰，以隨其後，約從散橫，以抑強秦。」說明「璧」的經濟價值不菲。

　　可知「璧」的意義與作用，可作爲瑞器、祭器、葬器、佩飾等作用，其價值極高，並受人尊崇，至於戰國時期，璧的作用則多運用於經濟和政治效益，而少見佩飾記載。

　　根據出土所見，戰國時期出土的玉璧，其形制大多相同，且未必盡如古籍所載「肉倍好謂之璧」，今略舉例如下：

◎　曾侯乙墓出土玉、石璧115件，其中玉璧67件，石璧48件，大小不一。最大的玉璧直徑15、孔徑7.1、厚0.5厘米；最小的則是直徑2、孔徑0.8、厚0.3厘米。玉璧的紋飾與形制可分爲穀紋、雲紋、素面、雙龍、異形等五種，而以素面玉璧爲多，計有53件。〔註9〕另外，雙龍玉璧1件（圖6），完整，青黃色，器面扁平，作雙龍附璧形，素面，龍透雕，對稱地分置璧的左右，這種在璧的外緣透雕動物的形制，應始於戰國早期，並影響戰國晚期及兩漢玉器的製作，使玉器的形制更見繁複精緻而華麗，這是戰國時期的特色。另外，異形玉璧1件（圖7），完整，青黃色，器面扁平，近似長方形，中間爲一近方形璧，兩旁各侈出一近方形飾物，

〔註9〕見《曾侯乙墓》，頁403－406。

素面，雕琢仍未完成，因此，此器可能是半成品，應是在璧的外緣附雕飾物，並有可能是爲了作爲陪葬器物，以至匆促完成，僅具形制而已。

◎ 吉林大安東山頭古墓葬有玉璧 1 件，呈圓形，直徑 4.8 厘米，中部對穿一小孔，通體磨光，色半透明而帶有白瑕和紋暈，出自女骨的頸部，[註10] 其出土位置與璧上小孔，都說明璧有佩飾穿懸的作用。

◎ 侯馬東周盟誓遺址則出土璧共 30 件，有：大璧、中璧、小璧、刓方璧，其中厚度有薄近紙者，[註11] 說明玉璧作爲盟誓祭祀的作用。

◎ 長沙子彈庫戰國木槨墓也有玉璧 1 件，兩面均爲穀紋，一面凸起，一面凹進，在肉及好的邊緣均刻劃弦紋一圈，放置在內棺蓋板頭端正中，出土時繫有棕色組帶。[註12] 依出土報告位置所載，此璧似爲死者生前所有，並以爲陪葬的重要器物，因此，是爲佩玉、葬玉、或聘享瑞器，實難畫分清晰，而這種以生前器物隨葬的手法，這也是當時喪葬的習俗之一。

根據出土所見，玉璧在戰國時期的意義與作用可作爲盟誓祭祀、佩玉、葬玉或瑞玉等，其形制多爲圓形，穀紋，並有附雕物裝飾，也反映戰國時期崇尚華麗的社會風氣，以及手藝發達的高度水平了。

六、環

環，是瑞玉之一，圓形，中有圓孔，孔的半徑與邊寬相等的即稱爲環。

《禮記‧玉藻》謂「環五寸。」注曰：「環，取可循而無窮。」

《禮記‧經解》：「行步則有環佩之聲。」注曰：「環佩，佩環玉也，所以爲行節也。」

《荀子‧大略》：「絕人以玦，反絕以環。」注曰：「古者臣有罪，待放於境，三年不敢去，與之環則還，與之玦則絕，皆所以見意也，反絕謂反其符絕者，此明諸侯以玉接人臣之禮也。」

《說文》：「環，璧肉好若一，謂之環，環，從玉睘聲。」段注：「古者還人以環，亦瑞玉也。鄭注經解曰：環，取其無窮止。」

可知「環」的意義與作用，根據文獻記載，可歸納爲：

〔註10〕 見吉林省博物館，〈吉林大安東山頭古墓葬清理〉，《考古》，1961 年，期 8，頁 408。

〔註11〕 見陶正剛、王克林，〈侯馬東周盟誓遺址〉，《文物》，1972 年，期 4，頁 34。

〔註12〕 見湖南省博物館，〈長沙子彈庫戰國木槨墓〉，《文物》，1974 年，期 2，頁 39。

1. 佩玉之一，以節行止。

2. 瑞玉之一，有無窮止之意，並可作為有罪之人歸還的信物。

至於戰國時期墓葬中出土的玉環，除了圓形的標準器外，並有下列不同的形制：

◎ 廣西田東戰國墓有殘玉環件，呈薄片狀，兩面好的周圍突起一圈唇。外徑 10.7、內徑 6、唇高 1 厘米（線圖 8）。〔註 13〕

◎ 山東泰安康家河村戰國墓有玉環 14 件，M2：5-1，外緣平齊，斷面呈抹角方形，外徑 2.8 厘米；而 M2：24-1 斷面為八稜形，外徑 2.9 厘米（線圖 9）。〔註 14〕

◎ 山西長治分水嶺戰國墓第 2 次發掘有玉環 2 件，25：76 斷面作長方形，茉綠色，徑 2.1 厘米。〔註 15〕

◎ 河北邯鄲百家村戰國墓有玉環 3 件，標本 55：6，55：7，係乳白色半透明體，環邊扁寬，斷面作橢圓形。〔註 16〕

◎ 河北平山縣三汲村的戰國墓葬有玉石環，大部份被挖壞，有 2 件完整，斷面為六角形，色呈乳白，體輕，半透明有斷紋。〔註 17〕

◎ 河南淮陽平糧台 16 號楚墓則有橢圓形玉環 2 件，標本 M16：80 置於棺外東部，呈淡青色，雕工極精，有一個金紐在玉環上，有廓，細線刻網紋和竊曲紋，徑 2.7－3.5、孔徑 1.2－2.1、厚 0.4 厘米（線圖 10）。〔註 18〕

可知玉環的形制，有圓形及橢圓形兩種，其斷面則有圓形、橢圓形、長方形、抹角方形、六角形、八稜形等，或於內緣有圈唇突起，都是戰國時期玉環的特殊形制。

至於玉環上的紋飾，則多素面，並也有雕琢紋飾的。

〔註 13〕見廣西壯族自治區文物工作隊，〈廣西田東發現戰國墓葬〉，《考古》，1979 年，期 6，頁 494。

〔註 14〕見山東省泰安市文物局，〈山東泰安康家河村戰國墓〉，《考古》，1988 年，期 1，頁 47。

〔註 15〕見山西省文物管理委員會、山西省考古研究所，〈山西長治分水嶺戰國墓第二次發掘〉，《考古》，1964 年，期 3，頁 133。

〔註 16〕見河北省文化局文物工作隊，〈河北邯鄲百家村戰國墓〉，《考古》，1962 年，期 12，頁 627。

〔註 17〕見康保柱，〈河北平山縣三汲村發現戰國墓〉，《考古》，1958 年，期 6，頁 49。

〔註 18〕見河南省文物研究所、淮陽縣文物保管所，〈河南淮陽平糧台 16 號楚墓發掘簡報〉，《文物》，1984 年，期 10，頁 24。

◎ 曾侯乙墓的穀紋玉環，兩面雕刻穀紋，並以圓點補白。〔註19〕

◎ 河南固始侯古堆 1 號墓有玉環 12 件，形制各異，大小有別，多數爲素面，也有刻工精細，布滿回形花紋的（應是雲紋）。〔註20〕

◎ 洛陽出土的東周墓葬，在兩面緊靠環孔的圓圈內，有類似刻度盤的簡單刻畫，徑 2.3、厚 0.4 厘米（線圖 11）。〔註21〕

◎ 山西侯馬上馬村東周墓葬，也有玉環 2 件，斷面成橢圓形，1 件飾斜線紋，製作精緻，另 1 件素面，徑 1.9、寬 1.1 厘米。〔註22〕

◎ 河南淮陽平糧台 16 號楚墓出土的橢圓形玉環，則刻有網紋和竊曲紋。〔註23〕

另外，玉環出土的位置，則可歸納如下：

◎ 山西侯馬上馬墓地出土玉環 1 件，位於頭頂部，〔註24〕 或爲瑞玉之屬。

◎ 河南淮陽平糧台 16 號楚墓，則有圓形玉環 3 件，標本 M16：10 置於墓主人的右胸， 爲墨玉，呈揭色，體徑 9、孔徑 6.4、厚 0.4 厘米；而標本 M16：57 含在墓主人口內，即「玉含」，墨玉，呈褐色，刻工甚精，體徑 2.8、孔徑 1.5、厚 0.3 厘米。〔註25〕

◎ 侯馬東周盟誓遺址則有玉環 6 件，形式基本相同，僅有大、中、小區別，〔註26〕 應是祭祀之用。

◎ 河北邯鄲百家村戰國墓「殉二號」的胸部有 1 銅環，腰間有 2 細小的銅帶和玉環。〔註27〕

〔註19〕 見《曾侯乙墓》，頁 406。

〔註20〕 見固始侯古堆 1 號墓發掘組，〈河南固始侯古堆 1 號墓發掘簡報〉，《文物》，1981 年，期 1，頁 6。

〔註21〕 見余扶危、趙振華，〈洛陽發現隨葬空首布的東周墓葬〉，《考古》，1987 年，期 8，頁 717。

〔註22〕 見山西省文物管理委員會侯馬工作站，〈山西侯馬上馬村東周墓葬〉，《考古》，1963 年，期 5，頁 244。

〔註23〕 見河南省文物研究所、淮陽縣文物保管所，〈河南淮陽平糧台 16 號楚墓發掘簡報〉，《文物》，1984 年，期 10，頁 24。

〔註24〕 見山西省考古研究所，〈山西侯馬上馬墓地發掘簡報（1963－1986 年）〉，《文物》，1989 年，期 6，頁 4。

〔註25〕 見河南省文物研究所、淮陽縣文物保管所，〈河南淮陽平糧台 16 號楚墓發掘簡報〉，《文物》，1984 年，期 10，頁 24。

〔註26〕 見陶正剛、王克林，〈侯馬東周盟誓遺址〉，《文物》，1972 年，期 4，頁 34。

〔註27〕 見河北省文化局文物工作隊，〈河北邯鄲百家村戰國墓〉，《考古》，1962 年，期 12，頁 627。

　　由這些玉環出土的位置來看，除了作佩玉之用外，並可作祭玉、葬玉，這是文獻記載不及處，至於玉環可作瑞玉，有歸還之意，都是戰國時期玉環的運用，及象徵意義。

七、瑗

　　瑗與環，形制類似，在《韻會》、《集韻》中，二者或可相通。

　　《爾雅・釋器》所謂：「肉倍好謂之璧，好倍肉謂之瑗，肉好若一謂之環。」

　　《荀子・大略》也有「召人以瑗。」「瑗」與「願」同音，說明瑗有徵召的作用。

　　《說文》：「瑗，大孔璧，人君上除陛以相引，从玉爰聲。」

　　至於戰國時期出土的玉瑗，數量並不多，也無特異之處，現略列舉如下：

◎ 紹興 306 號戰國墓有玉瑗 5 件，形體較小，肉好徑相等或稍有大小，除一件素面外，均雙面雕卷雲紋，肉徑 1.5－2.9 厘米。〔註28〕

◎ 衡陽市苗圃五馬歸槽茅坪古墓出土玉瑗 1 件，光滑、晶瑩透明，好寬 3.5、肉徑 1.2 厘米。〔註29〕

◎ 河北平山中山王國墓發掘許多雕琢精緻的玉瑗。〔註30〕

◎ 侯馬東周盟誓遺址出土玉瑗 4 件，基本上屬於同一類型（線圖 12）。〔註31〕當與祭祀儀式有關。

　　因此，由出土發掘來看，「瑗」之形制，未必即如典籍所載「好倍肉謂之瑗」，而其意義與作用可作盟誓或佩飾之用，並為瑞玉之屬，由於典籍所載有限，且置於此，以為備考。

八、璜

　　璜，是瑞玉之一，形如半璧。

　　《詩・鄭風・女曰雞鳴》有「雜佩以贈之。」之句，傳曰：「雜佩者，珩璜琚瑀衝牙之類。」

〔註28〕 見浙江省文物管理委員會、浙江省文物考古所、紹興地區文化局、紹興市文管會，〈紹興 306 號戰國墓發掘簡報〉，《文物》，1984 年，期 1，頁 19。

〔註29〕 見衡陽市博物館，〈衡陽市苗圃五馬歸槽茅坪古墓發掘簡報〉，《考古》，1984 年，期 10，頁 880。

〔註30〕 見河北省文物管理處，〈河北省平山縣戰國時期中山國墓葬發掘簡報〉，《文物》，1979 年，期 1，頁 3。

〔註31〕 見陶正剛、王克林，〈侯馬東周盟誓遺址〉，《文物》，1972 年，期 4，頁 34。

《左氏·定·四》謂「故周公相王室以尹天下。於周爲睦，分魯公以大路大旂，夏后氏之璜，封父之繁弱。」

《公羊·定·八》注則謂「璜以發眾。」

《呂氏春秋·上德》也有「毀璜以爲符，約曰『符合聽之。』」的記載。可知「璜」可作爲發兵舉眾的信符。

《史記·孔子世家》也有「分同姓以珍玉，展親；分異姓以遠方職，使無忘服。」 集解韋昭曰：「展，重也。玉謂若夏后氏之璜。」可知璜可作爲同姓宗室分封的珍玉，並有鞏固宗室力量的象徵；這與前言「璜以發眾」、「毀璜以爲符」的意義也頗相當，有藉璜向同姓求兵之旨，而且，「璜」與「皇」同音，有偉大、光大同宗的象徵。

《周禮·春官·大宗伯》有「以玉作六器，以禮天地四方。」並「以玄璜禮北方。」注：「半璧曰璜，象多閉藏，地上無物，惟天半見也。」則是以璜爲祭玉。

可知「璜」的意義和作用可作爲佩玉、瑞玉和祭玉等。

至於戰國時期墓葬中出土的璜，其形制大多作扇形或半璧形，並多所雕鏤，更見精緻，也可明白「璜」作爲佩玉、瑞玉、祭玉的目的並非尋常。

◎ 曾侯乙墓出土玉、石璜51件，其中玉質49件，計有16對和17個單件。其中出自主棺的有37件，計13對和11個單件（除1件出自外棺，餘皆出自內棺）。放置情況是：墓主腰部以上有9對和4個單件；腰部以下有4對和6個單件。陪葬棺和槨室出12件，爲3對和6個單件。主棺內出的玉璜，器體較大，製作較精，陪葬棺和槨室出的玉璜，較小，且粗糙。璜的大小不一。可分爲穀紋、雲紋、金縷、透雕、素面等五種。以曾侯的地位，玉璜製作的精緻成雙，數量眾多，形式多變，且多放置於重要位置，可見玉璜即使是作爲佩玉，也代表身份尊貴的重要意義才是。

◎ 河南淮陽平糧台16號楚墓出土的玉璜則有形如扇面，飾穀紋，置於墓主人兩肩；玉璜兩端呈一直線，飾隆起的穀紋，置於墓主人兩股之間（線圖13）。〔註32〕

◎ 信陽楚墓出土玉璜10件，成對出於主室，正面或背面刻穀紋，在近邊沿內面有穿孔一個、三個或五個，中腰窄而兩端寬，中部有一孔。〔註33〕

〔註32〕 見河南省文物研究所、淮陽縣文物保管所，〈河南淮陽平糧台 16 號楚墓發掘簡報〉，《文物》，1984年，期10，頁24。
〔註33〕 見《信陽楚墓》，頁63、102。

◎ 武漢市漢陽縣熊家嶺楚墓也有 1 件玉璜，灰白色，外治正中一穿及兩翹首，各邊均有方形缺口，長 7.6、寬 1.9、厚 0.3 厘米（線圖 14）〔註34〕，形制極為特殊。

◎ 長豐戰國晚期楚墓出土的玉璜，形制則有橋形璜（線圖 15），中間窄，兩端寬；及雙龍首璜（彩圖 6）；又有以鳳鳥形式附著於玉璜外緣（彩圖 7），〔註35〕這也是戰國晚期常見的玉雕形制。

◎ 山西侯馬上馬村東周墓葬有玉璜出於人架的下頜部，人骨的身上或附近。〔註36〕也當作為裝飾用。

◎ 侯馬東周盟誓遺址出土的璜（線圖 16），〔註37〕則呈扇形而邊寬，應是祭祀之用。

◎ 河南輝縣固圍村 1 號墓祭祀坑出土的大玉璜（彩圖 8），由 7 塊美玉，兩個鎏金銅饕餮組成，全體弧形，中央一玉，長方微曲，若扇面，上側雕一馬，下側一鼻，有穿可繫，面篆桓紋，形制繁複，雕琢精緻，是極為特殊的一件。

總括說來，戰國時期的玉璜，形制變化極多且又精緻，同時，玉璜的出土，以楚墓所見最為重要而且數量也多，這種與宗室分封有關而賜璜的制度，以楚地為遠，是以較受重視，也可見於《史記・楚世家》所謂「鬻熊子事文王」，以及周成王時，「封熊繹於楚蠻」的記載，都是可以引為參考的重要線索。至於出土的玉璜，有祭玉及裝飾用的玉璜，大致說來，佩玉以節行止的璜，大多繫於腰腹，而作為身份、符節象徵的玉璜，垂於胸前為飾，也是常見的習俗，這與出土的位置也相符合；因此，玉璜作為佩玉、瑞玉、祭玉的意義與作用，不僅文獻與出土可以相互印證，同時，玉璜的形制精緻多變，應有其特殊意義存在才是，因此，「分同姓以珍玉」的記載，雖不見於戰國，然而，其相沿成俗的重要性，卻格外令人重視了！（註：本節另有詳述〈論玉璜的意義與作用〉一文，刊登於《故宮文物月刊》，1992 年 1 月）

〔註34〕見武漢市考古隊、漢陽縣文化館，〈武漢市漢陽縣熊家嶺楚墓〉，《考古》，1988年，期 12，頁 1107。

〔註35〕見楊鳩霞，〈長豐戰國晚期楚墓〉，《文物研究》，期 4，頁 92，黃山書社，1988年。

〔註36〕見山西省文物管理委員會侯馬工作站，〈山西侯馬上馬村東周墓葬〉，《考古》，1963 年，期 5，頁 244。

〔註37〕見陶正剛、王克林，〈侯馬東周盟誓遺址〉，《文物》，1972 年，期 4，頁 34。

九、玦與決（韘）

玦，是瑞玉之一，形如環而有缺。

《左氏・閔・二》所謂：「與石祁子玦。」注曰：「玦，示以當決斷。」

《國語・晉語》也有大子「衣偏衣而佩金玦。」出而告先友曰：「君與我此何也？」先友曰：「中分而金玦之權在此，行也。」注曰：「金玦，以兵決事。」說明玦可作爲軍事決斷的意義和作用。

《史記・項羽紀》：「范增數目項王，舉所佩玉玦，以示之者三。」都說明佩玦的意義與作用，是有決斷、果決的權勢象徵。

而《荀子・大略》所謂：「絕人以玦，反絕以環。」注曰：「古者臣有罪待命於境，三年不敢去，與之環則還，與之玦則絕。」這種取諧音而寓意的觀念，也正是《孔叢子・雜訓》所謂：「子產死，鄭人丈夫舍玦珮、婦女舍珠瑱。」的目的，說明玦所具有絕決、分離的象徵意義。

至於《詩・衛風・芄蘭》「童子佩韘」傳曰：「韘，玦。」箋云：「韘之言沓，所以彄沓手指。」正義曰：「傳云玦者，以禮及詩言決拾。車攻傳曰：決，鉤弦也，繕人注云：玦，挾矢時，所以持弦飾也，著右手巨指引。士喪禮曰：玦用正玉。棘若擇，棘則天子用象骨爲之，著右臂大指，以鉤弦闓體，大射士喪注皆然。」則說明玦是作爲鉤弦的裝飾作用。

因此，就文獻所載，玦的作用和意義可大致歸納爲：作爲佩玉和瑞玉，象徵權勢的決斷及分離之意；另外，作爲佩玉時，不僅是佩飾的部份，又是手右姆指鉤弦的裝飾。

然而，根據墓中出土，玦除了作爲佩飾的意義，其作用與文獻所載，則似乎仍有差距。

◎ 曾侯乙墓出土玉、石玦 20 件，完整，其中玉玦 17 件，石玦 3 件，並分爲雲紋、素面、圓管形、八棱管形等。而其出土位置則是，雲紋玉玦 4 件，分屬大小兩對，較大的一對出自墓主左腿（膝）側，較小的一對出自頭部；素面玉玦 9 件，除 1 件出自棺內墓主左小腿側，餘均出自西室或西室陪葬棺；管形玉玦一對，出自墓主左腿；八棱管形玉玦一對，出自墓主頭部，可能屬墓主的帽飾、〔註 38〕由這些出土位置來看，出自墓主腿部的，應多屬於排飾、串飾的配件，而出自頭部、耳部的，一般則認爲是裝飾，或耳墜之屬。

〔註38〕見《曾侯乙墓》，頁 408、409。

◎ 廣西武鳴馬頭安等秧山墓葬出土玉、石玦 55 件，其中，少數在緣面上鑽
二到三個小孔，又有 2 件平面近方形，緣外側有對稱的牙邊（線圖 17）。
〔註39〕

◎ 廣西田東有玉玦 2 件，皆殘，薄片狀，兩面平滑，邊緣雕飾四個對稱的
雲形花牙，與缺口相對有一對穿孔（線圖 18）。〔註40〕這種在玦的外緣雕
琢凸起飾物的，是廣西地區的特殊形制。

◎ 河北平山中山王國墓有夔龍黃玉玦 1 件（圖 8）。〔註41〕形制也極爲特殊。

　　玦作爲佩玉、瑞玉的意義明確，然而，根據墓中出土的位置，有不少是
在墓主的耳旁，是否作爲耳飾的作用，則仍可質疑，同時，古時中國男子，
或尊貴如曾侯，文獻上從未見有耳飾的記載，再加上「玦」作爲耳飾的佩戴
方法，仍有許多爭議之處，因此，玦是否作爲耳飾，仍有許多斟酌。然而，
玦置於墓主耳旁的意義和作用又是什麼呢？

　　玦有絕決、分離之意，已見於前述，而古時男子雖佩玦，卻也不見有以
玦爲耳飾的習俗。至於典籍中的記載，關於玦的意義與作用，則仍有蛛絲馬
跡可作爲參考的線索。

　　《史記‧外戚世家》有「帝譴責鉤弋夫人，夫人脫簪珥叩頭。帝曰：『引
持去，送掖庭獄。』夫人還顧，帝曰：『趣行，女不得活。』夫人死雲陽宮。」

　　《漢書‧東方朔傳》也有「主迺下殿，去簪珥。徒跣頓首謝曰：妾無狀，
負陛下，身當伏誅。」的記載。

　　說明漢朝時期的婦女，以去簪、珥作爲分離或死罪的習尚，這和前言《儀
禮‧士喪禮》所載「瑱用白纊」，以及《孔叢子‧雜訓》所載春秋時期「子產
死，鄭人丈夫舍玦佩，婦女舍珠瑱。」的記載也相符合，可知珠瑱、玦佩、
簪珥等，都具有分離絕別之意。而戰國時期墓葬中，少見珠珥、簪笄等器物，
也應與此物象徵離別之意有關，至於墓中少見，則是爲別生死之故。是以墓
主耳部置玦，應是取「玦」分離之意，而「玦、珥、瑱」分別是男、女玉飾
中象徵分離的代表，死後置放死者耳部，也易於有所聯想，並可凸顯玦的象

─────────────────

〔註39〕 見廣西壯族自治區文物工作隊、南寧市文物管理委員會、武鳴縣文物管理所，
　　　　〈廣西武鳴馬頭安等秧山戰國墓群發掘簡報〉，《文物》，1988 年，期 12，頁
　　　　21。

〔註40〕 見廣西壯族自治區文物工作隊，〈廣西田東發現戰國墓葬〉，《考古》，1979 年，
　　　　期 6，頁 494。

〔註41〕 見《中山王國文物展》，圖版 66。

徵意義，而不至於和佩飾混淆，因此，玦應是作爲分離的象徵，而未必是作爲耳飾之用。

至於玦作爲鉤弦的裝飾，前言《詩經》注疏中所謂「傳云玦者，以禮及詩言決拾。車攻傳曰：決，鉤弦也。」由此記載可知，鉤弦的裝飾應是「決」，而非「玦」，玦、決二字本非一字，然而，「決」字也有絕別、分離之意，二字音同而形、義類似，是以後人有所混淆而生誤謬，這在《詩經》的注疏中仍可見其本意，並予以釐清，因此，今日墓中所見的鉤弦器應作「決」或「韘」，而環形缺口的玉飾則作「玦」，二者的形制、意義、作用、命名等分野自然清晰，不至於有混淆的現象發生。今將墓中出土的韘，略舉如下。

◎ 曾侯乙墓有玉韘 1 件，完整，出於墓主左手掌處，器上、下端平齊，平面呈前尖後圓的橢圓形，中間有一個橢圓形穿孔，用於套手指，後部的壁上橫穿一個小孔，用於穿綴線或繩帶之類，側面侈出一個小鉤，素面（彩圖 9）。〔註 42〕其中，與文獻所載不同處，是玉韘應是右手所戴，是放置有誤，或爲別生死而刻意置左手，則不得而知。

◎ 河南中州路 2717 號墓也有玉韘出土，並雕琢精緻（線圖 19）。〔註 43〕

◎ 河北平山中山王國墓葬也有玉韘出土的記載。〔註 44〕

◎ 侯馬東周盟誓遺址坑 13，也有 1 件韘出土的記載。〔註 45〕然而，由於圖版模糊，形制也不似韘，是否爲鉤弦所用的韘，則仍可待考證，且置於此，以爲備考。

十、玉管

戰國時期墓中出土的玉管不在少數，形制也頗有差異，而其意義與作用不見於文獻，似應爲垂飾的部份，或單獨作爲佩玉所用，今略舉例說明如下：

◎ 曾侯乙墓有玉管 7 件，圓管形或橢圓管形，兩端管口平齊，可分爲雲紋、弦紋和素面三種。其中，雲紋管有 4 件，出自墓主棺內，屬 1 對和 2 個單件，中有鑽孔（圖 9）。〔註 46〕

〔註 42〕見《曾侯乙墓》，頁 431。
〔註 43〕見《曾侯乙墓》，頁 431。
〔註 44〕見河北省文物管理處，〈河北省平山縣戰國時期中山國墓葬發掘簡報〉，《文物》，1979 年，期 1，頁 3。
〔註 45〕見陶正剛、王克林，〈侯馬東周盟誓遺址〉，《文物》，1972 年，期 4，頁 34。
〔註 46〕見《曾侯乙墓》，頁 421。

◎ 信陽楚墓有玉管 3 件，出於主室，略呈管狀，中央有一透孔，通體飾以穀紋，兩端各有一周線；又有柱狀管 1 件，出於前室，圓柱狀，中部有透孔；以及長方管一件，出於主室，正面和背面飾以穀紋，周沿都有規整的凹形缺口，在上下兩端的缺口處鑽有徑 0.3 厘米的透孔，長 8.8、寬1.8、厚 0.5 厘米（圖 10）。〔註47〕

◎ 河南固始侯古堆 1 號墓有玉管 8 件，有黃、紅、白三色，形制各異。〔註48〕

◎ 昆明上馬村五台山古墓有玉管 5 件，有白色、青色兩種。〔註49〕

◎ 廣西田東戰國墓有圓管形玉管 1 件，孔一端大一端小。〔註50〕

◎ 山西長治分水嶺 126 號墓有玉瑯1件，長條形，中間穿孔，篆穀紋；又有青色圓玉 1 件，扁圓體，磨光，中間穿孔。〔註51〕第二次發掘有玉柱 5 件，素面，中心有圓孔；另有玉鎏 1 件，橢圓管狀，篆渦紋。〔註52〕

◎ 河北邯鄲百家村戰國墓有雕花玉管 2 件。〔註53〕

◎ 旅順口區后牧城驛戰國墓則有碧玉製玉管 4 件，1 件扁平長條，中間穿孔，3 件圓柱形，中間穿孔。〔註54〕

◎ 山西省潞城縣潞河戰國墓有玉管 1 件。〔註55〕

◎ 山西侯馬上馬墓地有玉管及玉柱飾 2 件。〔註56〕

〔註47〕 見《信陽楚墓》，頁 63、102。

〔註48〕 見固始侯古堆 1 號墓發掘組，〈河南固始侯古堆 1 號墓發掘簡報〉，《文物》，1981 年，期 1，頁 6。

〔註49〕 見雲南省文物工作隊，〈昆明上馬村五台山古墓簡報〉，《考古》，1984 年，期 3，頁 220。

〔註50〕 見廣西壯族自治區文物工作隊，〈廣西田東發現戰國墓葬〉，《考古》，1979 年，期 6，頁 494。

〔註51〕 見邊成修，〈山西長治分水嶺 126 號墓發掘簡報〉，《文物》，1972 年，期 4，頁 42。

〔註52〕 見山西省文物管理委員會、山西省考古研究所，〈山西長治分水嶺戰國墓第二次發掘〉，《考古》，1964 年，期 3，頁 133。

〔註53〕 見河北省文化局文物工作隊，〈河北邯鄲百家村戰國墓〉，《考古》，1962 年，期 12，頁 627。

〔註54〕 見旅順博物館，〈旅順口區后牧城驛戰國墓清理〉，《考古》，1960 年，期 8，頁 17。

〔註55〕 見山西省考古研究所、山西省晉東南地區文化局，〈山西省潞城縣潞河戰國墓〉，《文物》，1986 年，期 6，頁 13。

〔註56〕 見山西省考古研究所，〈山西侯馬上馬墓地發掘簡報（1963－1986 年）〉，《文物》，1989 年，期 6，頁 4。

◎ 紹興 306 號戰國墓有雕花白玉管 1 件。〔註 57〕

◎ 河南淮陽平糧台 16 號楚墓有玉管 3 件，均在棺內，並飾有蟠龍形紋、隆起的穀紋及卷雲紋等，其中 2 件置於墓主人的股骨間，另 1 件置於墓主人的骨盆處。〔註 58〕

◎ 武漢市漢陽縣熊家嶺楚墓有玉管 1 件，長方形，遍飾蟠虺紋，器身中間穿一圓孔，四周皆有缺口（線圖 20）。〔註 59〕

◎ 河南新野有玉管 2 件，長短不一，置於死者腰部，不知何用。〔註 60〕

　　由出土的玉管來看，有圓形、橢圓形、長方形、扁平長條等，形制長短雖多不一，然而，卻多有鑽孔可以穿繫，並出於主室或棺內，紋飾精緻，且有位於腰部、股骨、骨盆處，其作用很可能是作為大型佩飾的部份，並且有「沖牙」的意義和裝飾，以戰國時期盛行佩飾大型成組玉器的習俗，而玉沖牙的出現卻很少，據出土報告所載僅山西長治分水嶺 126 號墓有玉沖牙的記載，〔註 61〕然而，這個現象，卻並不意味戰國時期就沒有玉沖牙，前言所謂洛陽金村出土的雙人舞伎玉佩飾，即已有精緻的玉管作為裝飾，其下並垂懸其他形制的玉佩飾而更見華麗，也具有沖牙的作用，可見其間的消長取代，應有密切的關聯，而玉管的大量出現，並出於棺內，與其他的佩飾器一同出土，也間接說明玉管的裝飾性作用及作為大型玉飾配件的附屬意義了。

十一、玉具劍

　　劍，是古代作戰和防身的工具，而以玉為裝飾或鑲嵌的，稱為「玉具劍」，是身份地位的象徵，同時，玉有比德、比君子的意義，以及玉可辟邪、護尸的觀念，早已深入人心，因此，以玉飾劍，不僅尊貴華麗，同時，更具有吉祥美好的象徵。

〔註 57〕見浙江省文物管理委員會、浙江省文物考古所、紹興地區文化局、紹興市文管會，〈紹興 306 號戰國墓發掘簡報〉，《文物》，1984 年，期 1，頁 19。

〔註 58〕見河南省文物研究所、淮陽縣文物保管所，〈河南淮陽平糧台 16 號楚墓發掘簡報〉，《文物》，1984 年，期 10，頁 24。

〔註 59〕見武漢市考古隊、漢陽縣文化館，〈武漢市漢陽縣熊家嶺楚墓〉，《考古》，1988 年，期 12，頁 1107。

〔註 60〕見鄭杰祥，〈河南新野發現的曾國銅器〉，《文物》，1973 年，期 5，頁 17。

〔註 61〕見邊成修，〈山西長治分水嶺 126 號墓發掘簡報〉，《文物》，1972 年，期 4，頁 42。

　　玉具劍，盛行於兩漢而源於春秋末期，其各部位的稱謂，歷來仍不統一，而且據出土所見，也大多散亂分離，難以窺其原貌，而曾侯乙墓有出土完整的「玉劍」，今略述如下。

　　玉劍 1 件，完整，青白色，出自墓主腰腹間，是一把帶鞘的劍，有首、莖、格、璏、珌等，分為五節，首、莖、格、鞘、珌分別各為一節，各節用金屬連接，不能活動卷折，而玉器透雕或陰刻龍形、雲紋等，極為華麗，並通體用玉，打破過去玉具劍始於漢代的說法。此器通長 33.6、寬 5.1、中厚 0.5 厘米（彩圖 10，線圖 21）。〔註 62〕

　　玉劍的作用，只是佩飾尊貴而已，無法實用，曾侯乙墓出土的玉劍，不僅反映當時的社會風尚，墓葬習俗，並可作為後人對玉劍研究的參考。

十二、玉帶鉤

　　帶鉤，是腰間佩飾的掛鉤，根據出土發掘，源於良渚文化而大量見於戰國時期及漢代。

　　《史記‧齊太公世家》有：「射中小白帶鉤。」之句，可見春秋時期，依文獻記載，已有佩飾帶鉤的習慣。至於玉帶鉤，前人曾謂始於春秋戰國之際，〔註 63〕然而，隨著考古的發現，此說也將重新修正，今略作整理如下，並探其淵源。

　　1982 年至 1984 年，上海青浦福泉山良渚文化中曾發掘玉帶鉤 1 件，玉色乳白，隱現灰黃斑紋，器呈長方形，素面，右端有一圓孔便於穿繩，左端作鉤形，出土時位於人骨架的腰部（圖 11，線圖 22）；〔註 64〕另外，1986 年浙江餘杭反山也發掘玉帶鉤 3 件，扁方形，製作精巧，一端有孔，可穿繩連結，另一端挖琢成彎鉤狀，均出自腰部（圖 12，線圖 23）；〔註 65〕而 1987 年餘杭瑤山則發現白玉帶鉤 1 件，長方體，表面略弧凹，一端橫穿直徑約 0.9 厘米的圓孔，另一端用鑽孔和線割結合的方法琢成深槽狀的彎鉤，這是研究當時琢

〔註 62〕見《曾侯乙墓》頁 421。

〔註 63〕見夏鼐，〈漢代的玉器——漢代玉器中傳統的延續和變化〉一文及補記，《考古學報》，1983 年，期 2，頁 139－143。

〔註 64〕見上海市文物保管委員會，〈上海青浦福泉山良渚文化墓地〉，《文物》，1986 年，期 10，頁 22。

〔註 65〕見浙江省文物考古研究所反山考古隊，〈浙江餘杭反山良渚墓地發掘簡報〉，《文物》，1988 年，期 1，頁 17。

玉技法 1 件難得的標本（圖 13，線圖 24）。〔註66〕由這些考古發現，可知玉帶鉤的使用，自新石器時代晚期良渚文化中即見，當時的人們已有成熟的琢玉技巧，並佩飾玉帶鉤以爲器用。

及至戰國時期，帶鉤的使用更爲發達，材質多樣，形式也更見華麗。如：

◎ 春秋戰國之際，河南固始侯古堆 1 號墓曾出土 1 件玉帶鉤，形制極細，製作工整。〔註67〕

◎ 曾侯乙墓中，除出土金帶鉤 4 件，銅帶鉤 9 件外，並有玉帶鉤 7 件，其中，7 件出自東室墓主內棺，1 件出自東室，完整，鵝首形，除 E.C.11：119 外，皆作方形頭，青玉質。E.C.11：94 和 E.C.11：268，長頸扁喙，頸、腹部正面雕刻渦紋（雲紋），兩側和背面以及鈕面，陰刻方格網紋和圓圈網紋，其餘 5 件均素面。（彩圖 11，圖 14、15）。〔註68〕

◎ 河北平山縣戰國時期中山國所發現的玉帶鉤，雕刻精徽，極爲少見，尤其是有一長 17.5 厘米的玉帶鉤（彩圖 12），〔註69〕無論是長度和紋飾的精美，都是戰國時期所罕見。

◎ 河南固圍村 5 號墓出土的包金鑲玉銀帶鉤，其上並鑲有大小不一的穀紋璧，極精緻華麗（線圖 25）。〔註70〕

◎ 信陽楚墓 1 號墓則出土錯金銀鐵質帶鉤 5 件。其中，有 2 件嵌穀紋方玉，磨製精細，鉤端作龍首形，寬腹，尾方平，鉤背面有扁圓形鈕（圖 1）；另一件玉質帶鉤，質地細緻，素面，斷面作四棱形（圖 16）。〔註71〕

◎ 河南淮陽平糧台 16 號楚墓則出土鳥頭形玉帶鉤 1 件，置於墓主人右手下，白玉，鳥頭昂起，鉤鈕扁平（圖 17）。〔註72〕

〔註66〕見浙江省文物考古研究所，〈餘杭瑤山良渚文化祭壇遺址發掘簡報〉，《文物》，1988 年，期 1，頁 49。

〔註67〕見固始侯古堆 1 號墓發掘組，〈河南固始侯古堆 1 號墓發掘簡報〉，《文物》，1981 年，期 1，頁 6。

〔註68〕見《曾侯乙墓》頁 399、400。

〔註69〕見《中國美術全集，玉器篇》，圖版解說第 120。

〔註70〕見賈峨，〈關於河南出土東周玉器的幾個問題〉，《文物》，1983 年，期 4，頁 75－88。

〔註71〕見《信陽楚墓》，頁 63、102。

〔註72〕見河南省文物研究所、淮陽縣文物保管所，〈河南淮陽平糧台 16 號楚墓發掘簡報〉，《文物》，1984 年，期 10，頁 24。

◎ 另外，美國哈佛大學福格美術館也有金質嵌玉帶鉤1件（彩圖13），〔註73〕
製作精美，技巧卓越，也具有戰國時期風格。

　　從這些出土帶鉤來看，信陽楚墓 1 號墓中的金銀錯或鑲玉鐵質帶鉤，玉
塊上多作穀紋飾紋，鉤首如龍形，頭小身寬，尾作方平或尖圓，背面圓鈕短
小，整體形式華麗，比例誇張，側視如鵝頸修長，線條優雅流暢；而玉質的
帶鉤則頸短身厚，長鉤大鈕，鉤縫狹長，造型樸實寬博，雖也是「S」形狀，
鉤鈕並位於尾部三分之一處，然而，樸拙的風格，卻仍保有良渚時期玉帶鉤
的簡易風貌，這或許與治玉的技術有關，因此，不如錯金銀帶鉤般的華麗。
這樣的風格，也同樣見於淮陽平糧台楚墓出土的玉帶鉤。

　　至於曾侯乙墓中所出土的金、銅、玉質帶鉤共廿件，其造型多類似，大
都作長頸扁喙，鵝首、圓腹，鉤內呈圓弧狀，圓形薄鈕多位於腹底背面，並
有鈕大於腹者，其中，除了兩件玉帶鉤有渦紋、網紋，另一件銅帶鉤的頸側
陰飾「S」形紋外，其餘均為素面，說明這些帶鉤的風格一致，或為出自一人
之手。另外，根據報告所列——帶鉤尺寸表（線圖26），〔註74〕仍可發現，玉
質帶鉤的高度、腹寬、腹厚，都明顯地較金、銅質帶鉤高大或寬厚，鉤首方
喙，造型厚實，更見其實用意義與玉帶鉤一貫的簡明風格了！

　　信陽楚墓與曾侯乙墓同經考訂為戰國早期的墓葬，分別代表當時南方楚
地和北方中原不同的地域特色。而其鉤首的長短，彎曲的弧度，以及鉤鈕的
位置，都有非常顯著的差異，這除了表示玉帶鉤發展的流變外，也是在研究
器物時，所不可忽視的地域性因素。

帶鉤尺寸表

器　　號	質　　地	尺寸（厘米）			重量（克）
		高	腹　寬	腹　厚	
E.C.11:93	金	4.4	1.4		40.93
E.C.11:118	金	4.4	1.5		43.2064
E.C.11:122	金	4.4	1.5		45.5952
E.C.11:123	金	4.4	1.6		49.6224

〔註73〕見 Michael Sullivan 著，曾堉、王寶連編譯，《中國藝術史》，頁55，南天書局，
　　　　74年。
〔註74〕見《曾侯乙墓》，頁400，表48。

E.C.11:92	玉	4.0	1.2	0.9
E.C.11:94	玉	5.2	1.9	1.0
E.C.11:97	玉	5.5	1.3	0.9
E.C.11:119	玉	4.4	1.7	0.9
E.C.11:120	玉	6.2	2.0	1.1
E.C.11:268	玉	6.0	1.5	0.9
E.148	玉	4.7	1.1	0.7
E.C.1:1	銅	2.3	0.9	0.5
E.C.2:15	銅	2.9	1.0	0.5
E.C.5:5	銅	2.8	1.0	0.5
W.C.7:6	銅	3.5	1.0	0.5
W.C.8:3	銅	3.2	1.0	0.5
W.C.10:4	銅	2.3	1.3	0.6
W.C.12:1	銅	2.8	0.9	0.5
E.106	銅	3.7	1.6	1.0
E.230	銅	2.9	1.0	0.5

線圖 26　戰國早期，帶鉤尺寸表，曾侯乙墓出土報告

十三、玉璽印

璽印在先秦時期，多為封泥之用，並是身份地位、符信的表徵，其淵源甚早，並可追溯至印陶文。

至於文字記載，《左氏・襄・二十九》則有：「公還，及方城，季武子取卞，使公冶問，璽書追而與之。」之句，可知春秋時期即已有璽印之用，及至戰國，則更為發達，鈕式、材質、印面內容，更為多樣，尤以銅印為大宗，今略舉其中玉質璽印者，說明如下：

◎ 1979 年 2 月，在天津市外貿局工藝品公司，發現一方戰國玉璽，白玉質，覆斗鈕，長 1.9、寬 1.8、高 1.6 厘米。璽身四周與覆斗四周均密刻勾連雲紋。璽面四邊畫分界格，刻「～」形雲紋。字框凹下約一毫米，內刻白文侸字，當是蓋封泥用的私璽。從字體風格上看，這方玉璽可能是楚國文物。它的特點是：九面皆刻雲紋，精巧別緻；字框陷下，形制罕見（圖 18）。〔註 75〕尤其是九面刻雲紋，更非尋常。

〔註 75〕見尤仁德、田鳳鎖，〈新發現的一方戰國玉璽〉，《文物》，1980 年，期 8，頁 17。

◎ 山西省文物工作委員會在侯馬戰國奴隸殉葬墓的發掘中，除發現銅印一枚外，另有玉印一枚，作「屮」字（圖19）。〔註76〕

◎ 又有玉肖形印，玉質白如凝脂，晶瑩透剔（圖20）。〔註77〕或如小鹿奔馳狀，或如兩獸交纏，形象生動鮮活，並影響漢代肖形印之發展。

戰國時期有出土記錄的玉印不多，秦始皇統一六國後，明訂天子始能稱璽，用玉印，一般諸侯不敢僭越。而這幾方玉印，無論文字、形式、紋飾，都頗能代表戰國時期風格，其珍貴且稀有，就更見其重要性了！

十四、玉剛卯

剛卯，是作為辟邪用的佩飾，其意義源自桃符，形制則如方瑲，上刻文字，用以厭勝。

剛卯，盛行於漢代，先秦之際則少見，其文字記載雖詳見於《漢書・王莽傳中》，然與出土實物仍未必相合，仍有斟酌處，是以不載，今錄曾侯乙墓出土剛卯記載如下。

◎ 曾侯乙墓出土玉剛卯6件，完整，除1件出自墓主頭下外，餘皆出自墓主腰左側，白藍色，分屬三對，器作立體長方形，中穿一個對向鑽孔。
〔註78〕從出土位置可知剛卯應是佩戴腰間的飾物，1件置放頭下，也說明其意義重要，其餘墓葬則仍少見，文獻亦載不足，略置於此備考。

第二節　瑞　玉

瑞玉，謂執以朝祭或做為符節的信玉。其中，用以祭祀的六器，雖也屬於瑞玉，作用卻大為有別，因此，將置於第三節——祭玉中討論，本文則就朝覲天子所執瑞玉以及聘享、兵符等信玉分別說明。

一、朝覲信玉

《周禮・春官・大宗伯》謂：「以玉作六瑞，以等邦國，王執鎮圭，公執桓圭，侯執信圭，伯執躬圭，子執穀璧，男執蒲璧。」

〔註76〕見山西省文物工作委員會寫作小組，〈侯馬戰國奴隸殉葬墓的發掘——奴隸制度的罪證〉，《文物》，1972年，期1，頁64。

〔註77〕見石志廉，〈談談我國古代的肖形印〉，《文物》，1986年，期4，頁85、86。

〔註78〕見《曾侯乙墓》，頁422。

《周禮・春官・典瑞》：「典瑞，掌玉瑞、玉器之藏。」注曰：「人執以見日瑞，禮神曰器。瑞，符信也。」

《儀禮・覲禮》：「乃朝以瑞玉。」注曰：「瑞玉，謂公桓圭、侯信圭、伯躬圭、子穀璧、男蒲璧。」

《管子・君臣上》：「而君發其明府之法瑞以稽之。」注曰：「君所與臣為信者，珪璧之屬也。又必合其瑞以考之也。」

《說文》：「瑞，以玉為信也。从玉耑。」

由這些典籍所載，可知在春秋戰國時期，君臣之間各執瑞玉以為信，不僅表示身份地位，更可以作為手執以朝覲天子，訂定尊卑制度，因此，以玉製成的圭璧之屬，自然有其不可抹滅的重要意義與作用。

然而，典籍中所載的圭璧形制與尺寸，則多不明確，與出土也頗有差異，難以論定，而且，依官場制度，朝覲信物必於離職或死亡時繳回或撤銷，即使死後為表彰身份地位而仿作陪葬，也大多粗率簡略，以別生死之器，同時，戰國時期，群雄割據，各自僭越為王，作為君臣執信朝覲的信物，雖仍存在，卻不受重視，就以鎮圭、桓圭、信圭、躬圭而言，已難以考證辨別，而《戰國策》中言「執圭」，也不分形制，可見當時禮制敗壞。至於「子執穀璧」一說，更令人難以信服，因為，在出土文物中，穀璧於戰國時期極為盛行，而且數量繁多，無論是貴為曾侯乙的墓葬發掘，或是楚地信陽墓中，都有許多豐富精緻的穀璧出現，而其身份據考證都是尊貴者流，並非只是子爵之輩，因此，作為六瑞的鎮圭、桓圭、信圭、躬圭、穀璧、蒲璧之說，則仍有許多可以存疑之處；只是，圭璧的淵源已久，且於商周時期大量盛行，自有其重要意義與流變。

另外，朝覲信玉還有瑁和笏。

《說文》：「瑁，諸侯執圭朝天子，天子執玉以冒之，似犁冠，周禮曰：天子執瑁，四寸，从玉冒，冒亦聲。」然而，瑁之形制與作用，典籍所載極少而且意義並不明確，執以為信，仍有許多可斟酌處，權且置此，聊備一格。

至於笏，則為手板，為人臣上朝所執。

《左氏・桓・二》即有：「袞冕黻珽。」之句，注曰：「珽，玉笏也，若今吏之持簿。」

《禮記・玉藻》也有：「笏，天子以球玉，諸侯以象，大夫以魚須文竹，士竹本象可也。」

說明在春秋戰國時期持笏的制度和習俗，藉以明尊卑，訂定君臣之禮。

二、聘享信玉

聘者問也，意謂持聘物以相問也。

《詩・小雅・采薇》有：「我戍未定，靡使歸聘。」之句。

《禮記・曲禮下》也有：「諸侯使大夫問於諸侯曰聘。」

《周禮・秋官・大行人》則謂：「若有四方之大事，則受其幣，聽其辭。凡諸侯之邦交，歲相問也，殷相聘也，世相朝也。」這是古時候諸侯之間相互問慰之禮，及至國有大事，諸侯告急，皆持有贄幣，以示崇敬。

另外，以幣帛召隱逸賢者入仕或娶妻納徵，也都稱「聘」，如：

《孟子・萬章上》有：「湯使人以幣聘之。」可知在商湯時期即有持幣為聘的習俗。

《禮記・聘義》也有：「聘禮，上公七介，侯伯五介，子男三介，所以明貴賤也。」都說明聘禮之數，尊卑有序，不可踰越。

《荀子・富國》有：「珪璧將甚碩，貨賂將甚厚。」之句。揚倞注：「珪璧，所用聘好之物。」

《荀子・大略》更詳細記載：「聘人以珪，問士以璧，召人以瑗，絕人以玦，反絕以環。」揚倞注曰：「聘人以圭，謂使人聘他國以圭璋也。問謂訪其國事，因遺之也。衛侯使工尹襄問子貢以弓，是其類也。說文云：瑗者大孔璧也，爾雅：好倍肉謂之瑗，肉倍好謂之璧，禮記曰：君名臣以三節，用禮，珍圭以徵守。鄭云：以徵召守國之諸侯，若今徵郡守以竹使符也，然則天子以珍圭召諸侯，諸侯召臣以瑗歟！玦如環而缺，肉好若一謂之環，古者臣有罪，待放於境三年不敢去，與之環則還，與之玦則絕，皆所以見意也。反絕謂反其符絕者，此明諸侯以玉接人臣之禮也。」可知春秋戰國之際，聘問徵召之禮，都是執玉為信，圭璧瑗玦環等，不僅是信物，更具有特殊的象徵意義，不可隨意混淆。

另外，《周禮・考工記・玉人》也有：「緣圭璋八寸，璧琮八寸，以覜聘。」鄭玄注曰：「覜、視也，聘、問也，眾來曰覜，特來曰聘。聘禮曰：凡四器者，唯其所寶以聘可也。」可知圭璋璧琮有覜聘之用。

《周禮・春官・典瑞》有言：「穀圭，以和難，以聘女。」

又，《周禮・考工記・玉人》亦載：「大璋亦如之，諸侯以聘女。」

《儀禮・聘禮》：「聘于夫人用璋，享用琮。」享者獻也，既聘又獻，所以厚恩惠也。

《周禮・秋官・小行人》：「合六幣。」註：「五等諸侯享天子用璧，享后用琮。」

根據以上典籍所載，且三禮之書多爲戰國時代完成，所記多戰國制度，因此，可以歸納的是：

圭──聘人以圭；珍圭以徵守；穀圭以和難、以聘女。

璧──問士以璧；五等諸侯享天子用璧。

琮──琮以覜聘；享后用琮；享于夫人用琮。

璋──璋以覜聘；聘于夫人用璋，諸侯聘女以大璋。

瑗──召人以瑗。

玦──絕人以玦。

環──反絕以環。

這些器物，其形制雖可於出土文物中發現，而其大小則難以考證，即使典籍所載亦多不明確，而且，根據官場習俗，朝覲信玉代表身份地位，於退職或死亡時將繳回官府，或可仿其形制入葬，至於聘享信玉是爲聘問贄物，是否死後隨葬，則依個人喜好。而其形制則與佩玉、祭玉、葬玉等多所雷同，若非出土資料明確，則不易分辨，尤其是璧、瑗、玦、環也有佩玉之意，置於前節，而圭、琮、璋等不做佩玉之用，今將就出土所見，不論其器物功用略作補充如下：

◎ 曾侯乙墓出土玉琮 2 件，1 件爲獸面紋琮，較小，出自墓主頭頂左側，正放，青白色，器中部微大於兩端，孔爲對鑽，射稍高，器表四面各陰刻一個獸面紋，射上陰刻橫 S 紋，並間飾陰刻的網紋，通高 5.4、射高 0.8、中部直徑 6.6、孔徑 5.5、射厚 0.5、中部厚 0.7 厘米（彩圖 14，線圖 27）。另 1 件爲素面玉琮，出自墓主右腿左側，側放，較大淺綠色，外壁直，內壁斜，橢圓孔，爲單向鑽孔，通高 5.3、射高 0.3、直徑 7.8、上孔徑橫 7.1、縱 6.8、下孔徑橫 6.9、縱 6.6、射上厚 0.5、下厚 0.7 厘米（圖 21）。〔註 79〕

◎ 山西省潞城縣潞河戰國墓也出土玉琮 2 件，扁方體，中空，四面均刻豎槽，飾雲紋，邊長 3.8、高 1.7 厘米（圖 22，線圖 28）。〔註 80〕

〔註 79〕見《曾侯乙墓》，頁 414。

〔註 80〕見山西省考古研究所、山西省晉東南地區文化局，〈山西省潞城縣潞河戰國墓〉，《文物》，1986 年，期 6，頁 13。

◎ 山西長治分水嶺 126 號墓出土玉琮 3 件，灰白色，長方形，中間穿孔，其中 2 件，上下磨圓形，一面與側面刻雲紋，長 4.2、寬 4、厚 1.5 厘米，另一件單面刻圓形，側面刻雲紋，長 4、寬 3.3 厘米（圖 23）。〔註 81〕

◎ 山西長治分水嶺戰國墓第二次發掘有玉琮 1 件，方形，圓孔，四角有缺口，邊長 2.7、厚 1.5 厘米。〔註 82〕

◎ 山西侯馬上馬墓地曾發掘玉璋，一側有利刃，另一側中部內凹成弧形，多出於人骨雙手附近，標本 M1006：20，黃褐色，長 9.5、寬 1.6 厘米（線圖 29）。〔註 83〕

◎ 山西長治分水嶺 126 號墓出土玉璋 2 件，殘，下端與兩側各有牙口二個，一為青玉，殘長 15、寬 8、厚 5 厘米，另一為白玉，殘長 14.5、寬 6、厚 3 厘米。〔註 84〕

◎ 甘肅靈台縣兩周墓葬出土 1 件東周時期的殘玉圭，暗綠色，殘長 6.1、寬 3.5 厘米。〔註 85〕

在這些出土的圭、琮、璋中，可以發現，至戰國時期，由於禮制隳墮，是以作為瑞玉、祭玉之用的器物，其形制已不再嚴謹，所見之琮，也只有一節，且大多短小，紋飾不若商周或良渚文化時期繁複；而璋之形制發展也多變為細長；圭也少見，都說明這些器物的日趨式微以及社會制度的變革興替了！

三、兵符信玉

以瑞玉做為兵符信玉而發眾，這樣的記載，雖不顯著多見，卻仍可追溯至春秋時期。

《左氏·哀·十四》即有：「司馬請瑞焉。」之句，註曰：「瑞，符節，以發兵。」

〔註 81〕 見邊成修，〈山西長治分水嶺 126 號墓發掘簡報〉，《文物》，1972 年，期 4，頁 42。

〔註 82〕 見山西省文物管理委員會、山西省考古研究所，〈山西長治分水嶺戰國墓第二次發掘〉，《考古》，1964 年，期 3，頁 134。

〔註 83〕 見山西省考古研究所，〈山西侯馬上馬墓地發掘簡報（1963－1986 年）〉，《文物》，1989 年，期 6，頁 18。

〔註 84〕 見邊成修，〈山西長治分水嶺 126 號墓發掘簡報〉，《文物》，1972 年，期 4，頁 42。

〔註 85〕 見甘肅省博物館文物隊、靈台縣文化館，〈甘肅靈台縣兩周墓葬〉，《考古》，1976 年，期 1，頁 47。

《周禮・考工記・玉人》也有：「牙璋中璋七寸，射二寸，厚寸，以起軍旅，以治兵守。」

《公羊・定・八》：「璋判白」句下有何休注述曰：「琮以發兵，瑞以發眾，璋以徵召。」之句。

《呂氏春秋・上德》也有：「毀瑞以爲符，約曰：符合聽之。」

可知春秋戰國時期，的確有以玉爲信符，並做爲發兵徵信之用，而這些信玉，其形制則以琮、瑞、璋爲度，以起軍旅，以治兵守。

琮、瑞、璋等俱爲五玉之屬，所謂：半璧爲瑞，半圭爲璋，獨不見半琮，且其意義與作用至今仍不明確。然而，據出土報告所見，曾侯乙墓曾發掘一件首見的玉半琮，今就其形制、作用，考證典籍所載，略說明如下。

玉半琮，出自曾侯乙墓，目前尙屬首見而不知其作用。

此件玉半琮，發掘只 1 件，完整，黃褐色，出自墓主背部，正放，並位於獸面紋琮（頭頂左側，正放）、素面琮（可能原應在腰腹間）之間的位置，爲外方內圓的矮體琮的一半，拋光較好，兩射和琮體透雕成動物形，素面，其中一射平沿，另一射不平，琮體的三個角各刻一個近似方形的小缺口。側視琮體拐角處，若將平沿射朝下，不平沿射朝上放，不平的一射上的透雕物，似兩只對首相觝的動物（似虎形）；若倒置，此對動物與拐角處的小缺口及其兩旁未穿透的孔聯爲一體，整個成爲一個獸形，那對動物則作爲它的爪牙（圖24）。〔註86〕

清代學者孔廣森和現代學者郭寶鈞先生，以爲半琮即六瑞中的「琥」；〔註87〕《曾侯乙墓》田野考古報告集則認爲：從器形看，非半成品，且沒有獸面紋琮精細，光潔，可能屬葬玉之類，而非生前用品。

然而，《公羊・定・八》有：「既駕，公歛處父帥師而至，懂然後得免，自是走之晉，寶者何？璋判白，弓繡質，龜青純。」其中，「璋判白」句下有東漢何休注述曰：「判，半也，半圭曰璋，白藏天子，青藏諸侯，魯得郊天，故錫以白，不言璋者言玉者，起珪璧琮瑞璋五玉盡亡之也，傳獨言者，所以郊事天，尤重詩云：奉璋峨峨，髦士攸宜是也。禮：珪以朝，璧以聘，琮以發兵，環以發眾，璋以徵召。」說明了五玉的意義與作用，並指出諸侯出亡

〔註86〕見《曾侯乙墓》，頁 429。

〔註87〕見夏鼐，〈漢代的玉器——漢代玉器中傳統的延續和變化〉，《考古學報》，1983年，期2，頁125－145。

他國時，所以爲寶者爲——半璋、繡弓、青龜。半璋是作爲諸侯間或與天子執信的符節；繡弓則力強者能使之，有護衛之意；而青龜則爲占卜之用，都是國之寶而不可隨意棄置。

至於注述中所言：「珪以朝，璧以聘。」此說屢見於典籍記載中，當爲可信，而「琮以發兵，璜以發眾，璋以徵召。」之句，證諸史實，則較爲少見。雖然，孔廣森以爲五玉之中，珪璧琮璜璋——半珪爲璋，半璧爲璜——獨缺半琮，是以六瑞中之「琥」當爲半琮，以便合於六玉，天地四方之說，然其於半珪、半璧、半琮之意義，則不見提及，且無法自圓其說。

同時，證諸史料，仍可發現《公羊・定・八注》中以半璋爲寶，俾便作爲信符，執信於天子、諸侯間。《周禮・春官上・典瑞》也有：「牙璋，以起軍旅，以治兵守。」之句，下並有東漢鄭司農注云：「牙璋，琢以爲牙，牙齒兵象，故以牙璋發兵。」說明牙璋的意義和作用，是爲信符，並與軍旅之事有關，這與「璋以徵召」之意也相符合；至於牙璋者有齒不平，其形如斷折之半璋，因此，就其形、義而言，牙璋者實應爲半璋，用以發兵，作爲信符，河南輝縣戰國墓曾出土 1 件，其形制如牙璋。

另外，《呂氏春秋・上德》也有毀璜爲符，作爲信約之舉。按：「墨者鉅子、孟勝善荊之陽城君，陽城君令守於國，毀璜以爲符，約曰：『符合聽之。』荊王薨，群臣攻吳起兵於喪所，陽城君與焉，荊罪之，陽城君走，荊收其國，孟勝曰：『受人之國，與之有符，今不見符，而力不能禁，不能死，不可。』」雖未直言「璜以發眾」之意，然而，毀橫以爲符，則是不爭的事實，且陽城君爲一國之主，佩玉必然齊整，何以毀「璜」而不毀其他飾物爲信，可見「璜以發眾」有其必然之可信度，遇國有大事時，君臣之間，各執半璜以求發眾，作爲信符，有如環（還）、玦（決）之意，也是當然。

至於「琮以發兵」之說，余意以爲：琮字無論讀爲ㄗㄨㄥˋ或ㄘㄨㄥˊ，其音都與「從」字同，可作順服或跟隨解。而五玉中之珪璧琮璜璋，不僅爲美玉，更是階級、地位的表徵，璜、璋且與軍事、符信有關；至於琮，《曾侯乙墓》中不僅有精細、光潔的獸面紋琮，素面琮，還有半琮隨葬，且半琮並非爲半成品，可見半琮在當時必然具有相當的意義與作用。就其形制而言，其上之獸似虎形相牴，器形如琮之對角而分，紋飾不若獸面紋琮精緻，因此，推究其意，半琮之取其半，作用也在於徵信而符，並與發兵有關，其形並琢獸似虎相牴，實應爲虎符的前身才是。

虎符，大量興起於漢，《史記・孝文本紀》並載：「九月，初與郡國守相為銅虎符、竹使符。」《集解》應劭曰：「銅虎符第一至第五，國家當發兵，遣使者至郡合符，符合乃聽受之。竹使符皆以竹箭五枚，長五寸，鐫刻篆書，第一至第五。」張晏曰：「符以代古之珪璋，從簡易也。」又間接說明珪璋有符信之旨，其作用與發兵有關；且此句言珪璋，而不言珪璧琮璜璋，實是文字之省略，有如詩三百，舉其成數而已！另外，《索隱》也有：「《漢舊儀》銅虎符發兵，長六寸。竹使符出入徵發。《說文》云分符而合之。小顏云『右留京師，左與之。』《古今注》云『銅虎符銀書錯之。』張晏云『銅取其同心也。』」都說明虎符有徵信與發兵之意。而從傳世所存的玉虎符而見，其形如虎，對半而分，合則為符，用以發兵，俱與史載相當，而其作用與半琮之旨也可相互印證，明其源流演變。

虎符之意明確，且大量興起於漢，以簡易之形取代珪璋而有發兵徵信之旨，至於其淵源，則與琮璜璋有近似之關聯（皆為軍旅、治兵之守），並與「半琮」之旨相互印證，因此，半琮的發現，且出於曾侯乙墓中，其意義就更見重要——無論是年代，作用都與墓主的身份相合；同時，半琮的作用如虎符，器形為琮之半，且紋飾不如瑞玉之獸面紋琮精細、光潔，也是必然之現象；其所放置的位置在墓主背部，正放，並介於獸面紋琮與素面琮之間，也都表示「半琮」的意義並非尋常；且作為曾國國君的曾侯，以半琮隨葬，在在說明作為發兵之用的半琮，其重要性不可忽視，其器物也非一般人所可擁有，是以半琮只此一見，其後則以虎符取代，其珍貴且稀有，也就更令人值得重視了！（本節曾刊載於《國立歷史博物館館刊》——〈曾侯乙墓中的玉半琮〉，1991 年 3 月）

第三節　祭　玉

以玉事神，借以祈福去禍，這是古人的習俗。

《尚書・金縢》有言：「武王有疾，周公作金縢。……為壇於南方、北面，周公立焉，植璧秉珪，乃告太王、王季、文王。史乃冊祝曰……爾之許我，我其以璧與珪，歸俟爾命，爾不許我，我乃屏璧與珪。」可知早在周朝初期，已有以璧與珪祝禱遠祖的習俗。

《周禮・春官・大宗伯》則謂：「以玉作六器，以禮天地四方。以蒼璧禮天，以黃琮禮地，以青圭禮東方，以赤璋禮南方，以白琥禮西方，以玄璜禮

北方。」鄭注曰：「禮神者必像其類，璧圜像天，琮八方像地，圭銳像春物初生，半圭曰璋，像夏物半死，琥猛像秋嚴，半璧曰璜，像冬閉藏，地上無物，惟天半見。」這是將玉的形制、顏色，附會於陰陽五行學說而行於世，以玉之「六器」作爲祭祀時的「犧牲」而禮祭天地四方。

　　然而，根據出土實物發掘，從未見成套的「六器」出現，而且顏色、方位也與《周禮》所載有異，是以其說未可盡信，且《周禮》一書據考訂，當成於戰國中晚期，頗有後人附會之說，因此，以六器做爲祭器，此說見於典籍，固然可以信其爲眞，因爲，古人以玉爲祭，的確有其事實存在，至於六器所象徵的顏色、方位或作用，則不盡然，仍有可以存疑之處。

　　《管子・形勢解》有：「犧牲圭璧，不足以享鬼神。」之句，唐房玄齡注曰：「鬼神享德，不在圭璧。」

　　《說文》也有：「靈，巫，以玉事神，从玉霝聲，靈或从巫。」

　　可知「以玉事神」一事，典籍所載，並非虛構，今就出土所見，略述如下：

◎ 良渚文化墓葬發掘中，曾於浙江省餘杭縣瑤山發現祭壇遺址，這座由紅土台、灰土圍溝、礫石面所組成近方形位於山頂的三重遺跡，邊壁平整方正，布局有序，這個土壇，依據出土所見，當是作爲祭祀神明所用，其中，在挖掘出的十二座墓葬中，尤以玉器爲大宗。珠、管、鉞、琮等，數量都極爲豐富，並具有重要的歷史意義，尤其引人注目的是，在良渚墓葬中，發現許多以璧琮爲斂的喪葬習俗，而瑤山諸墓中出現許多雕琢精緻的獸面紋琮，卻又不見玉璧，這在已知良渚顯貴墓中實屬例外，不知在供奉上是否有其他含義。〔註88〕這個祭壇遺址的發現，不僅說明長江流域文化發展的重要性，更說明早在新石器時代晚期的良渚文化地區，即已有大規模以玉祭祀鬼神的儀式和習俗存在。

　　另外，東周侯馬盟誓遺址的出土，也使我們對先秦時期祭祀的儀節有更進一步的認識，今略述如下：

◎ 1965 年 12 月，山西省文物管理工作委員會在侯馬東周古城附近，發現二百多個東周時期的祭祀坑，坑內大都是牛、馬、羊的骨架，同時，在一些坑內還發現了大量有朱書文字的石簡、玉塊、玉片等，筆法與楚之帛

〔註88〕見浙江省文物考古研究所，〈餘杭瑤山良渚文化祭壇遺址發掘簡報〉，《文物》，1988 年，期 1，頁 32－51。

書、信陽竹簡有相似之處，但略爲渾厚，其上的文字大多殘破，惟就所能識別的文字內容來看，則同爲祭祀之事，另外，出土的還有玉冊、石冊等，以及伴隨玉塊、玉片同時出土的玉圭、璋、璧、璜等祭器。〔註89〕這個發掘，說明在東周時期的重要盟誓上，以圭、璋、璧、璜等玉器作爲祭祀之用的禮器。

◎ 至於侯馬東周盟誓遺址中，在橢圓形窖穴底部貯放有兩堆盟書和 4 件石璜（圖25），〔註90〕這可能是和禮儀有關的一種宗教儀式，這 4 件璜雖然爲石製，但卻也由此可知「璜」的確可作爲祭器之用。

◎ 另外，侯馬盟誓遺址，在大部份豎坑北壁臨近坑底約 5 至 10 厘米處有一個小壁龕，其大小、高低、深淺均無定制，基本上是隨著安放遺物的大小而定，壁龕中都有 1 件玉飾或玉器，多者 3 至 5 件（圖26），僅見到四例是祭器，而這些小龕可能是爲存放玉器而挖掘的，也可見其敬愼之意。

◎ 同時，侯馬東周盟誓遺址出土璧共 30 件，有：大璧、中璧、小璧、刓方璧等，其中厚度有薄如紙者（線圖30）；另外，又發掘 33 件玉圭，計有：玄圭、大圭、鎭圭、琬圭、琰圭等五種，其中厚度也有薄如紙張者（圖27）。

盟誓，是以約信之辭祝告神明，殺牲歃血爲盟書，以表態度敬愼，東周侯馬盟誓遺址的發掘，不僅有朱書文字的玉片、玉塊、玉冊、石冊等，更有圭、璧、璜、璋之屬，都說明作爲祭玉之用的玉器，有其不可忽視的重要地位；戰國時期，禮壞樂崩，作爲祭祀禮儀的祭玉，並不多見，且六玉之中，圭璧琮璜璋琥等形制與數量，不及商周時期的數量豐富而形制較有制度，因此，就東周侯馬盟誓遺址出土的器物來看，圭璧有薄如紙張者，且圭之形有平首、尖首形狀，以及壁龕中有圭和矢狀器的組合物（線圖31），這種圭在下，矢狀器在上，矢狀器頭部尖，頸部有兩道凸棱，下端成柱形，可能是宗教一類的信物。都是對東周盟誓的制度，提出有力的證據，並非一般佩玉、瑞玉之屬。

東周侯馬盟誓遺址的出土文物，有盟書、玉器、絲織品殘件和陶片四類，而以玉器的出土數量最多，這些玉器都是由青玉、白玉等較爲美觀的石料琢成，並具有盟誓的意義和作用，現擇要介紹如后。

〔註89〕 見張頷，〈侯馬東周遺址發現晉國朱書文字〉，《文物》，1966 年，期 2，頁 1－3。
〔註90〕 見陶正剛、王克林，〈侯馬東周盟誓遺址〉，《文物》，1972 年，期 4，頁 27－32。

1. 璧　共 30 件，有大璧、中璧、小璧、剞方璧四種，其中厚度有薄近紙者。

2. 環　共 6 件，形式基本相同，僅有大、中、小的區別。

3. 瑗　4 件，基本上屬於同一類型。

4. 鞢　1 件。

5. 玦　1 件。

6. 璜　2 件。

7. 珮　3 件。

8. 圭　共 33 件，有玄圭、大圭、鎮圭、琬圭、琰圭五種，其中厚度有薄近紙者。

9. 璋　共 25 件。

10. 笏　2 件。

11. 玉器　沒有固定的形狀，可能是用璞切割而成的各種不同的器物，有長形器、龜形器、圓形器、角狀器、璞、殘玉器等不同類型。

12. 瑁　8 件。

13. 戈　2 件，坑 340 戈，薄近紙，上有墨書數字，字跡漫漶，已無法辨識。

14. 刀　3 件。

15. 祭器　坑 20、坑 24、坑 196、坑 219 的壁龕裡隨葬有圭和矢狀器的組合物，圭在下，矢狀器在上，矢狀器頭部尖，頸部有兩道凸棱，下端成柱形，可能是宗教一類的信物。

《禮記・曲禮下》所謂：「約信為誓，涖牲曰盟。」從侯馬盟誓的遺址，不僅可以發現有朱書、墨書記載的盟書文字，以及數量眾多的牲畜骨骸，其中，尤其以羊為最多，牛次之，馬最少，並不見豬、狗遺骸，這與典籍所載牲禮也不相符合，可知先秦典籍在秦始皇焚書坑儒後，仍有許多後人附會之詞。尤其值得重視的是——大量的祭玉，而且質地、形制完好，數量、種類繁多，甚至有在上面書寫文字的，如：坑 340 出土的白色玉戈有墨書十餘字；坑 303 出土的青黃色玉片也有三字；坑 17 出土的青黃色薄玉璧有墨書十餘字；雖然字跡漫漶，卻都顯示玉器在祭祀典禮中的重要性及不可或缺的必然地位，這與良渚文化祭壇遺址所發現大量的玉器，實可相互呼應，並明其淵源演變。

第四節　葬　玉

葬玉，是爲死者陪葬之器物。

《周禮・春官・典瑞》所謂：「大喪，共飯玉、含玉、贈玉。」可知喪葬之時，玉之作用，依其性質可分爲飯玉、含玉、贈玉三類。《周禮》一書，約成於戰國中晚期，其注釋者鄭司農、鄭玄爲兩漢儒者，所載典籍制度，或有與出土實物略見差異處，然而，對當時生活習俗，思想的反映，則仍可窺其大要，今依其注略說明如下：

1. 飯玉

依鄭玄所注「飯玉，碎玉以雜米也。」因此，飯玉的形制應屬碎玉，殆無疑義。唯文字則未能明確表示飯玉之位置，是置於口中？或墓主身上，四週？且依文字所載，飯玉當與含玉有別，因此，飯玉應不置於口中才是，今於出土所見，墓主身上或棺內四週，常有碎玉隨葬，此舉或許與「飯玉」習俗有關（米已腐朽），也未嘗不可知。

2. 含玉

依鄭玄注「含玉，柱左右齻，及在口中者，雜記曰，今者執璧將命，則是璧形而小耳。」可知含玉必在死者口內，只是形制較小而已！唯依出土所見，含玉則不必一定爲璧（此或與墓主身份地位、地域性之習俗有關），此將於文中詳述，是與典籍所載有所出入處。

3. 贈玉

依鄭注「贈玉蓋璧也，贈有束帛、六幣，幣以帛。」同時，《周禮・天官上》也有「大喪，贊贈玉、含玉。」之句，下並有注曰：「贈玉，既窆所以送先王。」可知贈玉之性質，應爲送葬者贈予死者陪葬之物，而此陪葬之物，或爲死者生前所有，所預置，抑或爲送葬者所贈予之陪葬物。雖然，依鄭玄所注「贈玉，蓋璧也」，說明當時贈玉之形制應爲璧形，同時，依墓中出土所見，玉璧也是墓中所常見的隨葬物，許多形制大小厚薄不一的玉璧，除了玉璧本身所具有的「祥瑞」寓意外，也當有部份是爲「贈予」的性質，此類陪葬物，當有生前所用的佩飾器，不在本節討論範圍內。至於以璧隨葬，其習俗淵源，則可追溯自良渚文化中大量出土的玉璧琮，不但數量眾多，而且大小形制也不統一，當非一人一時一地所作，以之爲斂葬器物，或祭祀所用，是否也具有「贈玉」的性質，以便告慰死者，則是可以引爲參考之線索。

一、儒、道思想下的喪葬習俗

　　墓葬中出土之葬玉，其形制多有以玉護尸之意，此舉於新石器時代即見，尤以良渚文化出土大量的璧琮為代表，或以玉片、玉珠遍施棺內，最為矚目。至於戰國時期，則有以玉置於眉、目、鼻、耳、口處，或以玉片縫於幎目上為飾，以為護尸之意，又有以玉片置於四肢、胸腹處，由這些玉片放置的位置和作用而言，可視為漢朝「玉衣」的前身，另外，死者手中持「握」，其俗久遠，也都不可偏廢；然而，戰國時期思想蓬勃，九流之說以及諸子百家學說盛行，儒、道、墨、法更是當時之「顯學」，影響當時及後世社會思想、行為極為久遠，尤其是儒、道二家更是支配中國文化之發展，並相輔相成為中國人文思想之主流，因此，反映在喪葬習俗上，也略有差異，今試略分析如下：

　　儒家思想的根本中心在於行「仁」講「禮」，使一切行為、制度都納於軌範，以便確立人倫關係，鞏固君臣地位，並進一步重新建立社會秩序，安定百姓的生活，在這種以「禮」制約百姓的思想觀念下，為了使百姓活著的時候能夠更為無慮，因此，對於生死之事——人們存活最基本、最原始的恐懼——也做了許多的規範。這就是《論語·為政》中所謂的「生，事之以禮，死，葬之以禮，祭之以禮。」的觀念，而《孟子·離婁下》更進一步有所闡述「養生者不足以當大事，惟送死可以當大事。」這樣的觀念，都說明儒家思想對死事的重視與敬慎，因此，反映在喪葬禮俗上也就更為繁褥而周密。

　　《儀禮·士喪禮》有「商祝掩、瑱、設幎目。」之句，鄭注曰：「掩者先結頤下，既瑱、幎目，乃還結項也。」又謂：「掩，練帛，廣終幅，長五尺，析其末。瑱用白纊。幎目用緇，方尺二寸，輕裏著組繫」並注曰：「掩，裏首也，析其末為將結放頤下，又還結於項中。」「瑱，充耳，纊，新緜。」「幎目，覆面者也，輕，赤也，著，充之以絮也；組繫為可結也。」這是說明儒家的喪葬制度是以練帛裏首，並結於項中，同時，以白色新緜置於耳內，應是有防止昆蟲蟻類爬入耳內的作用，至於幎目，是以紅色為裏的方形緇布，內填棉絮，四角有帶可結，覆蓋於死者面上，應有安息亡魂的意旨。

　　這樣的文字記載，雖未能盡於墓葬中發現，以布帛有腐朽潰爛之時，然而，東周、戰國時期墓葬中大量出現的玉面飾，邊角多有小孔，應是縫於幎目上的玉片，則是可以確認的事實，也是辨明儒家思想喪葬禮俗的方法。

　　至於，在掩首之前，必先束髮。《儀禮·士喪禮》所謂：「鬠笄用桑。長

四寸，緩中。」鄭註曰：「喪之爲言喪也，用爲笄，取其名也，長四寸，不冠故也。緩，笄之中央以安髮。」

《漢書・五行志》也有：「《書序》曰：『伊涉（陟）相太戊，亳有祥桑穀共生，……』故桑穀之異見，桑猶喪也，穀猶生也。」都說明古人生時以笄安髮，死後則以桑木替代，取其音同而已！至於墓葬發掘中，玉笄的出土，則可溯源自新石器時代遺址，並大量出現於殷商婦好墓中，當是生前所使用的隨葬器物才是！

另外，〈士喪禮〉中又提及設「握」之法，以及《周禮》中所載「含玉」之制，也都是儒家思想下的喪葬禮俗，將於文中另行說明。

行仁講禮的儒家思想，在孔孟先賢的汲汲傳述下，固然在春秋戰國時期得以傳衍流佈，具有相當的影響力，然而，相對於儒家思想的道家，卻在嚴密的禮教制度下，以及群雄爭霸的混亂局勢中，超然有出塵世之想，以「順應自然」的法則而欲成仙得道，幻化爲「眞人」而不死，在當時及後代的社會中，也能引起廣泛的共鳴而盛行不衰。

道家的思想，強調的是「精」與「神」，唯有善加攝護保養，才能永生、不死，這樣的觀點，屢見於典籍而不鮮。

《莊子・逍遙遊》所謂：「藐姑射之山，有神人居焉，肌膚若冰雪，綽約若處子，不食五穀，吸風飲露，乘雲氣，御飛龍，而遊乎四海之外，其神凝，使物不疵癘而年穀熟，吾以是狂而不信也。」

《莊子・養生主》中的庖丁解牛，也強調所謂的「道」，正在於「臣以神遇而不以目視，官知止而神欲行。」唯有「依乎天理」，才能技進於道而有所得。

〈德充符〉也謂：「道與之貌，天與之形，無以好惡內傷其身，今子外乎子之神，勞乎子之精，倚樹而吟，據槁梧而瞑，天選子之形，子以堅白鳴。」

這種養「精」蓄「神」的處世方法，可與春秋時期所普遍流傳的「魂魄」一詞相當。

《左氏・昭・七》有：「人生始化曰魄，既生魄，陽曰魂，用物精多，則魂魄強。」孔穎達正義則謂：「附形之靈爲魄，附氣之神爲魂也，附形之靈者，謂初生之時，耳目心識，手足運動，啼呼爲聲，此則魄之靈也；附氣之神者，謂精神性識，漸有所知，則附氣之神也，是魄在於前，而魂在於後。」

《左氏・昭・二十五》也有：「吾聞之哀樂，而樂哀，皆喪心也，心之精爽，是謂魂魄，魂魄去之，何以能久。」

　　而戰國時期《楚辭・宋玉・招魂》更有：「魂魄離散，汝筮予之。」之句，王逸註曰：「魂者身之精也，魄者性之決也，所以經緯五藏，保守形體也。」

　　由這些經籍所載，可知春秋戰國時期人們對精、神、魂魄之看重，並有「經緯五藏，保守形體。」的作用，因此重視養生的道家，在人死之後，特別以玉石置於人體的孔竅，以防止魂魄走失的習俗，正是晉葛洪《抱朴子》所謂：「金玉在九竅，則死人爲不朽。」觀念的由來。

　　至於《莊子・應帝王》有「人皆有七竅以視聽食息。」之句，〈齊物論〉也有「百骸、九竅、六藏、賅而存焉，吾誰與爲親？」的記載，說明「七竅」、「九竅」一詞，在戰國時期早已存在。同時，根據墓葬發掘，戰國時期有七竅玉的面飾出土，卻不見成套的九竅玉，這種喪葬習俗應是道家思想所及，有使尸身不壞，並防止魂魄走失的意旨，這樣的習俗流傳到漢朝而有九竅玉的興起，都是一脈相承的觀念。

　　儒與道，看似對立，實際上卻相輔相成，一直是中國文化發展的主流，從喪葬習俗玉器的發掘中，不僅可以幫助我們瞭解古人的思想、習俗、社會制度，更進而彌補經籍文字史料的不足，在釐清了儒、道二者不同的喪葬習俗後，再檢視出土的墓葬，自然可以明辨其中異同，瞭解當時的生活形態和思想風俗了。

二、玉面飾

　　人死之後，以玉石、貝殼置於九竅，以防止靈魂走失之說，此舉屢見於遠古各民族，而其淵源則已不可考。

　　惟據考古發掘，戰國時期有於死者面上飾玉片、石片之習俗，或將玉片縫於幎目上以慰死者，同時，「九竅」一詞也已普遍盛行，並可見於《周禮・天官》，〔註91〕《莊子・齊物論》（見前），《呂氏春秋・情欲》、〔註92〕《管子・心術上》〔註93〕等典籍，可知「九竅」之說，早已深入人心，因此，無論是儒家思想中心的掩、瑱、琀、幎目等（按：典籍中未提及眼蓋及鼻塞，然而，西周井叔墓卻有雕琢如人之眉、目、口形飾玉出土（圖28）），〔註94〕或是道

〔註91〕見四部叢刊正編，《周禮》，卷2，頁2：「兩之以九竅之變，參之以九藏之動。」
〔註92〕見四部叢刊正編，《呂氏春秋》，卷2，頁6：「九竅寥寥，曲失其宜。」
〔註93〕見四部叢刊正編，《管子》，卷13，頁1：「心之在體，君之位也；九竅之有職，官之分也。」
〔註94〕見中國社會科學院考古研究所灃西發掘隊，〈長安張家坡西周井叔墓發掘簡報〉，《考古》，1986年，期1，頁26。

家思想所強調的九竅玉或七竅玉，都說明戰國時期的厚斂風氣，以及對死事之敬慎，不僅具有「護尸」以防靈魂走失的意旨，並與漢朝出土的玉衣——全身密實，以玉護身——的作用有異曲同工之妙。

戰國時期，出土大量的玉面飾，今就出土所見，略舉例如下：

◎ 據中國田野考古報告集，考古學專刊，丁種第四號《洛陽中州路（西工段）》1959 年爲例，當時共發掘東周墓 260 座，臉上貼有玉片或玉石片者，即有 34 例，可見當時「面飾」風氣之普遍（圖 29）。〔註 95〕

◎ 河南燒溝 634 號墓、651 號墓，也出土人架臉部玉片（線圖 32、33）。〔註 96〕

◎ 山西侯馬上馬村東周墓葬中，也在人骨的面部發現 7 件完整的玉片及 10 多件殘玉片。玉片呈扁平長方形，兩端對稱四穿，連繫組成面飾，長 1.9、寬 0.1 厘米。〔註 97〕

◎ 1983 年於洛陽市中州路西工段北側 212 號東周墓中，發掘玉質飾片共 27 片，玉質粗糙，上多有穿孔，分置於墓主頭部和腹部上下。〔註 98〕

◎ 山西萬榮縣廟前村的戰國墓中，在頭蓋骨的下面發現 9 片零亂的玉石飾片，有方形和長方形兩種，皆塗朱色。〔註 99〕

另外，河南固始侯古堆 1 號墓中，發掘玉鼻塞 1 對，呈牛角狀，前端尖圓，後端有精細的花紋，中間穿孔，年代約爲春秋末至戰國初期。〔註 100〕墓葬中，玉鼻塞單獨出現者較少，且其意義不見於《周禮》，應是道家思想下之產物。至於玉鼻塞的存在，以及成組玉片所構成之玉面飾或幎目飾玉，都真實地反映戰國時期的喪葬形式與內容，並直接影響漢代「玉衣」之完成，也是不可忽視的重要史料。

〔註 95〕見郭沫若〈師克盨銘考釋〉，《文物》，1962 年，期 6，頁 11。

〔註 96〕見賈峨，〈關於河南出土東周玉器的幾個問題〉，《文物》，1983 年，期 4，頁 86。

〔註 97〕自見山西省文物管理委員會侯馬工作站，〈山西侯馬上馬村東周墓葬〉，《考古》，1963 年，期 5，頁 244。

〔註 98〕見洛陽市文物工作隊，〈洛陽市西工區 212 號東周墓〉，《文物》，1985 年，期 12，頁 21、22。

〔註 99〕見楊富斗，〈山西萬榮縣廟前村的戰國墓〉，《文物》，1958 年，期 12，頁 34、35。

〔註 100〕見固始侯古堆 1 號墓發掘組，〈河南固始侯古堆 1 號墓發掘簡報〉，《文物》，1981 年，期 1，頁 7。

三、玉握

玉握，是以玉握於死者手中，不使空手而去之意。

根據出土報告顯示，墓葬中持「握」之俗，遠自新石器時代即見，當時並多以獐牙、豬牙爲「握」；商、周時期則多持貝；春秋戰國時期，則有持玉器、圓柱形石飾、石片、紡織品等；漢以後，則多持玉豬、石豬；可知手中持「握」，其俗久遠，並非無的放矢之舉。

《儀禮・士喪禮》所謂：「握手用玄纁，裏長尺二寸，廣五寸，牢中旁寸，著組繫。」注曰：「牢讀爲樓，樓謂削約，握之中央以安手也，今文樓爲緩，旁爲方。」而今人陳公柔則有「〈士喪禮、既夕禮〉中所載的喪葬制度」一文，〔註101〕以及沈文倬「對〈士喪禮、既夕禮中所載的喪葬制度〉幾點意見」〔註102〕提出不同的看法，並對古人設決、設握之法提出個人的觀點，並以爲：

「設擊，麗於擊，自飯持之。」──設決之法。

「裏親膚，鉤中指，結於擊。」──設握之法。

「乃連擊。」──在設決、設握之後，把尸手兩擊連起來，成爲兩手交疊狀。

雖然，自出土發掘中，可見「兩手交疊狀」之墓葬法，然而，仍有許多墓葬，兩手並不交疊或綑綁，且手中所握，不僅有玉石，還有紡織品，可知握之法，並非盡如陳公柔、沈文倬等先生文中所見，而《儀禮》一書的成書年代也當晚至戰國時期才是，因此，設決，設握之法，仍有可斟酌處，今且舉戰國時期出土資料略做比附：

◎ 曾侯乙墓中，在墓主左、右手處，出土 2 件完整的玉握，質白色，通體拋光，圓柱形，兩端平齊，器身上、下兩段各飾陰刻的雲紋，並間飾陰刻弦紋和斜線紋，兩器大小相同，兩端直徑分別爲 1.8、2.1 厘米，高 4.8 厘米（圖 30）。〔註103〕

◎ 甘肅靈台縣兩周墓葬中，曾出土碎玉片握於手內，M4、9 兩墓情況相同。〔註104〕

〔註101〕見《考古學報》，1956 年，期 4，頁 67－84。
〔註102〕見《考古學報》，1958 年，期 2，頁 29－38。
〔註103〕見《曾侯乙墓》，頁 427。
〔註104〕見甘肅省博物館文物隊、靈台縣文化館，〈甘肅靈台縣兩周墓葬〉，《考古》，1976 年，期 1，頁 47。

　　戰國時期出土的玉握不在少數，然而，由出土所見，仍以圓柱形玉器及碎玉片為多，雖不必有一定特定的形制，卻也與商周、兩漢時期所握迥然有異，並反映儒家思想下的社會制度及習俗（道家思想中不見「握手」之禮俗），其所蘊含的時代性風格及意義，也就清晰可知了。

四、口琀

　　口琀是人死之後，以物置於口中，不使空口而去的喪葬習俗，其俗由來已久，然而，證諸文字史料所載，則可見於《左氏・成・十七》傳曰：「初，聲伯夢涉洹，或與己瓊瑰食之。泣而為瓊瑰盈其懷。」注曰：「瓊瑰，玉石也，以瓊瑰置於口，以為死亡不祥之意。」可知在春秋時期已有以玉石置於口，表示死亡的意思和習俗。

　　《周禮・春官・典瑞》有言：「大喪，共飯玉、含玉、贈玉。」鄭注云：「飯玉，碎玉以雜米也。含玉，柱左右顚，及在口中者。雜記曰：含者執璧將命，則是璧形而小耳。」

　　《漢書・楊胡朱梅云傳》有：「口含玉石」之句，雖然此說與黃老之術有關，然而，卻也說明「口含玉石」的習俗，其來有自，不可等閒視之。

　　《說文解字》則謂：「琀，送死口中玉也，從玉含，含亦聲。」段注：「《穀梁傳》曰：貝玉曰琀，按琀，士用貝，見士喪禮。諸侯用璧，見雜記，天子用玉。」

　　《說文通訓定聲》：「琀，按說文此字即含之俗。」又謂：「春秋說題辭，天子以珠，諸侯以玉，大夫以璧，士以貝。白虎通作天子飯以玉，諸侯以珠，互異。」

　　可知人死之後，飯玉、含玉、贈玉，是為關懷死者的習俗。其中，飯玉是將碎玉雜米置於口中，含玉則是將玉料、玉器置於口腔內，以免空口而去，有受饑之虞。今就墓葬發掘中，列舉數例說明：

◎ 山東濟陽劉台子西周早期墓葬，於人架口內，曾發現青玉鉞 2 件（圖 31），
　　形制相同，長 4.4、寬 3.5 厘米，青玉戈 1 件，長 6.5、寬 2 厘米（圖 32）。
　　〔註 105〕

〔註 105〕　見德州行署文化局文物組、濟陽縣圖書館，〈山東濟陽劉台子西周早期墓發掘簡報〉，《文物》，1981 年，期 9，頁 20。

◎ 長安張家坡西周井叔墓中，M161 人頭骨口中含玉珠。〔註106〕

◎ 陝西省文物管理委員會在岐山、扶風周墓中曾發掘碎玉 121 塊，形狀大小不一，皆經裁截或打碎，長 0.8－2.2 厘米，其中之一有透雕的花紋，長 2.2 厘米。且碎玉全在口腔內。〔註107〕

◎ 山西考古研究所於山西侯馬上馬墓地，M4090 中型墓葬中，發現口含玉柱飾 2 件；M1261 小型墓中則發現一四十歲左右的男性，口內含殘玉玦 1 件；M6005 男性口內含殘玉石 1 塊。〔註108〕

◎ 戰國早期曾侯乙墓中，則自墓主的口腔和顱腔內，出土 21 件完整的玉琀，其中是否包括有耳塞和鼻塞，難以判斷。玉色青白，略帶黃色。通體拋光。光澤較亮。器形有牛、羊、豬、狗、鴨、魚等，器小如豆，圓雕而成（彩圖 15）。〔註109〕其大小則分別為：長 1.4－2.4 厘米、寬 0.2－0.65 厘米、高 0.6－1 厘米，形態生動，雕琢精緻。

◎ 至於河南新野所發現的曾國墓中，也記述在死者口內發現 18 件玉飾，有獸形、魚形、三角形，是製作較好的工藝品（線圖 34）。〔註110〕

　　同時，在曾侯乙墓中墓主嘴旁並出土 1 件完整的玉口塞，白色，光澤較好，素面，側視似「V」形，俯視則似中間大，兩頭尖的橄欖形。（圖 33，線圖 35）。〔註111〕

　　由這些出土實物看來，自周至戰國時期，墓主口內曾出現過：玉鉞、玉戈、玉珠、碎玉、玉柱飾，玉玦以及牛、羊、豬、狗、鴨、魚、獸形、三角形等口琀，並有如口腔形狀的玉口塞；其中，除玉柱飾與《周禮》鄭注「柱左右齔」之意最為接近，井叔墓中口含玉珠，與《白虎通》所載之意略相符合外，其餘形制，則未必與典籍同，可知「口琀」者，應指口中所含之葬玉，其形制未必嚴格限制。

〔註106〕見中國社會科學院考古研究所灃西發掘隊，〈長安張家坡西周井叔墓發掘簡報〉，《考古》，1986 年，期 1，頁 26。

〔註107〕見陝西省文物管理委員會，〈陝西岐山、扶風周墓清理記〉，《考古》，1960 年，期 8，頁 9。

〔註108〕見山西考古研究所，〈山西侯馬上馬墓地發掘簡報（1963－1986 年）〉，《文物》，1989 年，期 6，頁 4、5。

〔註109〕見《曾侯乙墓》，頁 426。

〔註110〕見鄭杰祥，〈河南新野發現的曾國銅器〉，《文物》，1973 年，期 5，頁 17。

〔註111〕見《曾侯乙墓》，頁 427。

　　雖然，自西周墓中所發現的口琀，有形制小巧，象徵武力權勢的玉鉞、玉戈，以及與典籍記載接近的碎玉、玉珠、玉柱飾等，說明西周時期仍是崇尚禮制的階段；及至戰國時期，禮壞樂崩，諸侯僭越，墓葬中之禮制也不再嚴格限定，加上手工藝發達，盛行厚葬，是以出現生動活潑、製作精緻的隨葬品，其中所反映的時代背景及社會思想，就更令人尋思演繹了。

五、有孔玉片──玉衣的前身

　　「玉衣爲斂」是人死之後，以玉衣裹尸入葬的習俗。

　　自 1968 年河北滿城中山靖王（漢武帝的庶兄，死於西元前 113 年）夫婦墓中出土 2 件「金縷玉衣」後，玉衣的面貌始眞實地呈現於後世，這是至今出土最早的完整玉衣（圖 34）；〔註112〕另外，1973 年河北定縣 40 號墓也出土 1 件完整的金縷玉衣，〔註113〕43 號墓也發現銀縷玉衣散片 1100 多片及銅縷石衣散片 400 餘片；〔註114〕同時，山東臨沂西漢劉疵墓，在骨架處發現由金縷玉片所綴成的頭罩、手套和腳套（圖 35）。〔註115〕以及 1983 年廣州南越王趙眜墓（死於西元前 122 年）所出土的「絲縷玉衣」，〔註116〕不僅年代較中山靖王爲早，同時地處偏遠。都說明在兩漢時期，以玉衣爲斂的風氣盛行，不僅有完整的實物出土，並有文獻記載，即以《漢書》中所稱的「珠襦玉柙」、「珠襦」、「玉柙」等，都是指玉衣的意思。如：

1. 〈賈鄒枚路傳〉言秦王：「葬乎驪山，被以珠玉，飾以翡翠。」
2. 〈霍光金日磾傳〉有：「太后被珠襦，盛服坐武帳中。」
3. 〈霍光金日磾傳〉言光薨，「賜金錢、繒絮、繡被百領；衣五十篋，璧珠璣玉衣。」唐顏師古注曰：「《漢儀注》以玉爲襦，如鎧狀連綴之，以黃金爲縷，要以下玉爲札，長尺，廣二寸半爲甲，下至足，亦綴以黃金縷。」

〔註112〕見中國田野考古報告集，考古學專刊丁種第 20 號，《滿城漢墓發掘報告》，頁 344，文物出版社，1980 年。

〔註113〕見河北省博物館文物管理處、中共定縣縣委宣傳部、定縣博物館，〈定縣 40 號漢墓出土的金縷玉衣〉，《文物》，1976 年，期 7，頁 57。

〔註114〕見定縣博物館，〈河北定縣 43 號漢墓發掘簡報〉，《文物》，1973 年，期 11，頁 13。

〔註115〕見臨沂地區文物組，〈山東臨沂西漢劉疵墓〉，《考古》，1980 年，期 6，頁 493。

〔註116〕見《南越王墓玉器》，頁 41－45，兩木出版社，1991 年。

4.〈佞幸傳〉則有:「及至東園祕器,珠襦玉柙,豫以賜賢,無不備具。」
又有「玉衣珠璧以棺」之句,師古曰:「以此物棺斂也。」

5.〈外戚傳〉:「共王母及丁姬棺皆名梓宮,珠玉之衣非藩妾服,請更以木棺代,去珠玉衣,葬丁姬媵妾之次。」

都說明秦漢之際,王侯顯貴被珠玉、以玉衣為斂的風俗鼎盛。

至於漢朝時期的玉衣,除出土完整的而外,並有許多散片,當為穿繩腐朽所致,據出土所見,則多為長方形玉片,四角有小孔以聯結,其形制並有方形、梯形、不規則四邊形、六邊形、三角形、璧形、圓形、璜形、半環形、圭形、刀形、一頭圓一頭方的大型玉片,另有凸字形鱗甲狀玉衣片等(線圖36-38)。〔註117〕形制繁多,而其紋飾則多素面磨光,間有雲紋、柿蒂紋(草葉紋)或穀紋、蟠螭紋璧改制而成等。並分別以金縷、銀縷、銅縷、絲縷綴成,其鑽孔則多為四孔,並有多至七孔、十餘孔者。同時在玉衣之內,滿城漢墓出土的劉勝墓和竇綰墓,都有完整的九竅玉、手握、帶鉤、胸飾,以及10餘塊排列整齊的大型玉璧(直徑21.2-13.9厘米),這些玉璧分別放置在墓主的前胸和後背,並有一定的排列(圖36),表面並有織物殘存編聯的痕跡,可知當時的喪葬儀式和習俗。〔註118〕

至於先秦時期,雖不見完整的玉衣出土,然而,墓中發掘出大量的玉片,並多分布在墓主的上半身或四周,有如玉衣護尸之作用,其形則多為長方形、方形、或不規則狀(或為殘缺),並多為素面,或有少數雲紋,有二至四個鑽孔,可知玉片當時除四孔可以聯結外(或縫綴四角),二孔的玉片,則應為縫在衣上為飾,並作為護尸的象徵意義。

《史記·殷本紀》有:「紂走入,登鹿臺,衣其寶玉衣,赴火而死。」

《史記·周本紀》則謂:「紂走,反入登于鹿臺之上,蒙衣其殊玉,自燔于火而死。」唐張守節《正義》謂:「《周書》云:『甲子夕,紂取天智玉琰五,環身以自焚。』注:『天智,玉之善者,縫環其身自厚也。凡焚四千玉也,庶

〔註117〕見山東省博物館,〈山東東平王陵山漢墓清理簡報〉,《考古》,1966年,期4,頁192。
見河北省文物研究所,〈蠡縣漢墓發掘記要〉,《文物》,1983年,期6,頁51。
見徐州博物館、南京大學歷史系考古專業,〈徐州北洞山西漢墓發掘簡報〉,《文物》,1988年,期2,頁17。
〔註118〕見《滿城漢墓發掘報告》,頁37;245、246。

玉則銷，天智玉不銷，紂身不盡也。』」可見在商紂王的心中，以玉縫環其身而死，有不滅之意。而「衣其寶玉衣」，也可知「玉衣」早已縫製而成，並可隨時備用，至於焚玉四千，雖不知其大小，然而，數目卻將近是金縷玉衣的兩倍，也更見其慎重。

其後雖有《列子・周穆王》言及：周穆王時，西極之國有化人來，穆王為之築中天之臺，「日月獻玉衣，且且薦玉食。」的記載。然而《列子》一書，多宗黃老之說，為後人竄作，殆無疑義；且句中所謂「玉衣」，當非如漢之玉衣，純以玉片聯結而成，至多以玉片縫綴衣上為飾而已！即以司馬遷《史記》中所言之「寶玉衣」，亦當如此！以先秦文獻中，不見「玉衣」之名，也未發現實物出土之故，直至秦王被珠玉，漢則珠襦玉柙，始訂定玉衣之名及制度。至於其淵源則應為墓中大量出土的有孔玉片，以及遍施全身的玉珠（與頸飾有異）。蓋先秦之際，以玉片護尸，或以玉器置於墓主前身、背面或四周的習俗，已非常盛行，即以新石器時代良渚文化為例，墓中大量的璧、琮、珠、管殉葬，也有護尸之意，可見這種「玉斂葬」的習俗，由來已久，並有一脈相承的延續性，今且舉出土實例證之：

◎ 1984 年灃西大原村西周墓發掘簡報中，M301：12 玉飾，其墓葬由 1 塊已殘的長方形玉片和約 20 片較小的玉片組成，全長約 24、寬約 4 厘米。從未擾亂的部份觀察，小玉片緊靠著長方形大玉片的一端，成三行排列。〔註 119〕

◎ 另外，同墓中 M301：13 玉飾，則由數十片小玉片組成，分上下兩層放置。上層玉片全長 15.3、寬 3.8－5.8 厘米（圖 37）。

◎ 春秋戰國之際〈河南固始侯古堆 1 號墓發掘簡報〉中，內棺發現料珠散遍死者全身，可見當時隨葬時係全身佩戴，穿線已朽，所以分布全身。另有 4 件玉璧，均在死者上半身，其中除 1 件為素面磨光外，餘皆雕刻有精細的回形紋。〔註 120〕總計玉飾共 50 餘件。

◎ 戰國晚期河南淮陽平糧台 16 號楚墓，出土玉器 35 件，其中 25 件出於棺內，排列有序，墓主人頭枕玉璧，足蹬玉璧，胸部又放置 1 件玉璧，龍

〔註 119〕見中國社會科學院考古研究所灃西發掘隊，〈1984 年灃西大原村西周墓及發掘簡報〉，《考古》，1986 年，期 11，頁 980。

〔註 120〕見固始侯古堆 1 號墓發掘組，〈河南固始侯古堆 1 號墓發掘簡報〉，《文物》，1981 年，期 1，頁 7。

形玉佩、方形玉佩、玉管、玉匕等放置胸部以下，玉璜放置墓主人的兩
肩和股骨之間。〔註121〕

這些有意而規整的放置，應屬有目的的安排，自是不可隨意忽視，而其
作用則不外乎爲護尸或爲死者祈福之意。及至戰國時期，除了墓主身上、背
下放置玉器的習俗仍然保留外，墓中還出土了許多玉片，有的並雕琢紋飾，
製作精緻，現略舉例說明如下：

◎ 曾侯乙墓出土 21 塊完整玉片，除 1 件出自陪葬棺外，餘皆出在墓主內棺，
  主要分布在墓主的上半身。僅 2 件出在腳下，均作長方形或近似，有四
  個或二個小穿孔，玉片大都拋光或平滑，素面，出自墓主腰腹及兩側的
  玉片則單面陰刻雲紋，另一面平素無紋。（圖38，線圖39）。〔註122〕

◎ 山西省潞城縣潞河戰國墓也出土方玉片 110 片，均有兩孔，分兩種：一種
  稍厚，四周作鋸齒形，上刻雲紋，共 22 片；另一種較薄，不甚規正，表
  面無紋，共 88 片，大小不一，大的 3.5×3.5 厘米，小的 2×2 厘米。另
  外又有長圓形玉片 2 件（線圖40），長方形玉片 2 件（線圖41）。〔註123〕

◎ 曾侯乙墓又有璞料 10 件，出自墓主棺內，完整，其中 1 件出自墓主的頭
  頂處，2 件放在腳下，5 件分置腰腿間的兩側，還有 2 件位於外棺的西北
  角。器形不規則，作扁平的片狀，多兩面拋光，並都殘留割痕，素面，
  製作粗糙，除 2 件外，並分屬 4 對，與精雕細鏤的玉佩飾同置墓主身上
  （圖39）。〔註124〕這與一般九竅玉的放置部位不盡相同，散置全身上下，
  與良渚玉斂葬的情況類似，也應作「玉衣」的前身視之。

《荀子·正論》謂：「故孔子曰：天下有道，盜其先變乎？雖珠玉滿體，
文繡充棺，黃金充槨，加之以丹矸，重之以曾青，犀象以爲樹，琅玕龍茲華
覲以爲實，人猶且莫之抇也。」可見春秋戰國時期，「珠玉滿體」是當時的喪
葬習俗。

《周禮·春官·典瑞》並有：「駔圭、璋、璧、琮、琥、璜，之渠眉，疏
璧琮，以斂尸。」之句，漢鄭司農並注云：「謂圭璋璧琮琥璜，皆爲開渠，爲

〔註121〕 見河南省文物研究所、淮陽縣文物保管所，〈河南淮陽平糧台 16 號楚墓發掘
　　　　　簡報〉，《文物》，1984 年，期 10，頁 21。
〔註122〕 見《曾侯乙墓》，頁 427－429。
〔註123〕 見山西省考古研究所、山西省晉東南地區文化局，〈山西省潞城縣潞河戰國
　　　　　墓〉，《文物》，1986 年，期 6，頁 13。
〔註124〕 見《曾侯乙墓》，頁 430。

眉璙，沙除以斂尸，令汁得流去也。」又謂：「以組穿聯六玉溝璙之中，以斂尸，圭在左、璋在首、琥在右、璜在足、璧在背、琮在腹，蓋取象方明，神之也，疏璧琮者，通於天地。」

　　雖然，自墓葬發掘中，六玉未必同時出現，且其出土位置與《周禮》所載也大不相合。然而，以玉為斂，並置於墓主四周上下的，卻為數不少，尤以新石器時代良渚文化中出土大量的玉璧琮最為可觀（圖 40），「疏璧琮者，通於天地」之說，雖無法必然證實，然而，斂尸、護尸之意卻昭然可揭。今日，漢墓出土的玉衣片，除長方形為數最多外，次則為方形，並有璧形、圓形、璜形、半環形等，雖為依人體結構而切治，並延續先秦時期之形制而發展，然而，長方、方、圓形的玉片，卻與璧（圓）、琮（長方、方）之形貌相當，雖有巧合之處，卻也可視為其形制的簡化並仍存其象徵寓意；「疏璧琮者，通於天地」之說若可成立，則「天圓地方」之意也當符合，與圓璧方琮之形制也不相違背，然而，根據出土發掘歸納：良渚文化中「瑤山諸墓未見一件玉璧，在已知良渚顯貴者墓中實屬例外，不知供奉上是否有其他含義。」〔註 125〕此一例外，當為有力的佐證，並普遍見於反山墓葬中，可知「疏璧琮者，通於天地」之說，仍未可盡信，璧與琮不必必然合葬而用，以禮祭天地神明，璧與琮的形制，也未必即如「天圓地方」之意而強以附會牽引。因此，良渚文化中大量以璧琮斂葬的習俗，當還原至其本意——即為護尸、斂尸之初衷。而古人以吸收「天地精華」之美玉為葬，是「玉斂葬」的終極，也是最原始的目的。

　　因此，可以總結的是：自新石器時代良渚文化中置璧琮以斂葬的習俗，以至於先秦時期置玉片、料珠而護尸、斂尸之舉，及兩漢時期珠襦玉柙——玉衣的完成。是為一脈相承的喪葬習俗，並可明其淵源及流變。而戰國時期出土大量的有孔玉片，不僅具有承先啓後的重要歷史價值，並可藉此確定良渚文化中置璧琮之原始意義與作用，釐清典籍文獻中的誤謬與附會，於是，小小的有孔玉片，便不可等閒視之，任意輕忽了！

第五節　肖生玉

　　肖生器是對人物、動物形態的描寫刻製，玉器中的肖生器大約可分為圓雕、透雕、板狀體等形制；而其淵源則自良渚文化中的魚、蟬，以至於商朝、

〔註125〕見浙江省文物考古研究所，〈餘杭瑤山良渚文化祭壇遺址發掘簡報〉，《文物》，1988 年，期 1，頁 51。

西周時期大量出土的禽獸、人物，如：魚、蟬、蠶、龍、鳳、虎、馬、男女人像、裸像等，都說明先民對肖生器之重視，而其意義無論是隨葬或辟邪，或取其象徵寓意以祈福，這些喪葬的手法和觀念，都說明肖生器是先民喪葬所需，不可或缺，至於其後以冥紙、紙偶取代焚燒，雖是社會習尚的變遷，卻也多有附會隨葬之意。

《淮南子・墜形訓》所謂：「五類雜種，興乎外，宵形而蕃。」注曰：「宵，像也，言相代象而蕃多也。」《淮南子》一書雖多陰陽、道家思想，然而，此說所反映出「宵形而蕃」的生生之意，卻是喪葬儀式中所常見的首要宗旨。因此，可以肯定的是，先民墓葬中所隨葬的肖生器，有其積極而根本的意義存在──即繁衍子嗣，生生不息之意。

戰國時期出土的肖生玉以玉龍為大宗，無論是形制和紋飾，都極為奔放鮮活，並且數量極多，然而，論到其他種類的肖生玉出土，卻為數極少並遠遜於殷商、西周時期，這種劇烈的轉變，可能與禮壞樂崩，制度潰散的社會變遷有關，因此，墓中隨葬的肖生玉也不再只是具有象徵寓意的器物，反倒是生活形態的反映──如：舞人形制的出現，這是過去所不曾見的造型，而肖生玉的大宗──玉龍，也多以璜、佩的形式出現，裝飾的作用遠大於象徵的意義，更說明戰國時期的時代風格、社會習俗所及，以至使肖生玉的原始意義及作用逐漸式微，取而代之的，是在擺脫禮教的束縛後，自由奔放的創作氣息、藝術思想，以及諸子百家──以儒、道為主──的哲學觀點、人生態度，這是當時生活形態的反映，及風俗思想的寫照，同時，也正是因為這樣自由蓬勃的創作環境，配合社會制度重新建立的過渡轉型期，造成戰國時期燦爛活潑、躍動鮮明的藝術風格，再加上卓越的手工藝技術，把中國玉器的發展，推向另一個成熟的顛峰。今就戰國時期出土肖生玉略作說明如下。

一、玉人

商周時期，以人為殉的風氣仍然興盛，此說屢見於典籍記載而不鮮，其後雖有製俑風氣的流傳，由束草為人以至於芻靈，甚或發展為設機發動，全似真人能踊躍的俑及偶人隨葬，卻仍只是犧牲品的替代，以便取代以人為殉的習俗。

《禮記・檀弓下》有：「孔子謂為明器者，知喪道矣。備物而不可用也。哀哉！死者而用生者之器也。不殆於用殉乎哉！其曰明器，神明之也。塗車

芻靈，自古有之，明器之道也。孔子謂爲芻靈者善，謂爲俑者不仁，不殆於用人乎哉！」

《孟子·梁惠王上》也有：「仲尼曰：始作俑者，其無後乎，爲其象人而用之也。」

《淮南子·繆稱訓》：「魯以偶人葬，而孔子歎！」

這些記載，都說明以偶人隨葬是春秋戰國以來的喪葬習俗，這樣的觀點，源自殷商時期，並可以和當時出土的許多玉人相互印證，以明其淵源。同時，值得注意的是，殷商時期出土的玉人有許多是裸體，或呈現跪坐姿態，都顯示其身份地位不高，應是隨葬的犧牲；然而，這樣的表現形式，至西周以後，卻極爲少見，這固然和禮制的興起有關，然而，玉人的出現，加以穿孔佩戴，甚或至漢朝「翁仲」的大量盛行，卻說明玉人的作用已不再只是隨葬的犧牲而已！而是強調祈福或辟邪之意，至於戰國時期的治玉極盛，風格活潑，許多佩飾上也有玉人、舞人的形制出現，在擺脫禮制的束縛後，卻能眞實地反映當時的生活及特色，這是戰國時期玉人最爲特殊之處。今就出土略作說明如下：

◎ 曾侯乙墓有雙面玉人 1 件，完整，青黃色，器小，圓雕，器作連體背臉的雙人，上小下大，側視梯形，玉人著長裙，裙下平齊，無足，有頭、肩、身而無嘴、鼻、手，瓜子形臉，兩人面部相背，面部中間各凸起一脊，各刻出雙眼、雙眉於脊的上方兩旁，其中一人的眼圈周圍塗黑，另一人則無，兩人共雙耳，作橫穿對鑽小孔，頭頂中心直穿一小孔相通，高 2.5、寬 1、頭長 0.8、孔徑 0.1、厚 0.7 厘米（圖 41）。〔註 126〕

◎ 河北平山中山王國陪葬墓出土 4 件玉人，有的玉料呈青褐色，有的呈青白色，皆扁平體，玉人身著花格紋長袍，拱手而立，其中 3 件頭頂結角形髮髻，似成人像；另 1 件結短髻，似童子像，是瞭解當時衣著和風俗不可多得的實物資料，現藏河北省文物研究所。玉人高度則爲 2.5－4 厘米（彩圖 16）。〔註 127〕

◎ 河南固始侯古堆 1 號墓發掘玉人 1 件，面部方圓，兩手交叉，下肢作跪狀，從頭頂至底部上下有孔，可供穿戴，整體造型小巧，通高僅 1.5 厘米。〔註 128〕

〔註 126〕 見《曾侯乙墓》，頁 421。
〔註 127〕 見《中國美術全集·玉器篇》，圖版說明第 119。
〔註 128〕 見固始侯古堆 1 號墓發掘組，〈河南固始侯古堆 1 號墓發掘簡報〉，《文物》，1981 年，期 1，頁 7。

◎ 洛陽西郊 1 號戰國墓發掘的伏獸玉人 2 件，一件高 3.4、長 5.5、寬 1.4
厘米，頭上梳髮髻，裸體，騎捲尾獸上（彩圖 17）；另一件高 2.6、長
1.8、寬 0.9 厘米，裸體，騎虎上（彩圖 18），兩件皆白玉雕成，晶瑩澤
潤，〔註 129〕現藏中國歷史博物館。

◎ 戰國時期透雕人形玉飾，色澤溫潤，雙面花紋作人形，玲瓏剔透，疏密
有致，是件極為罕見的珍品，長 12.5、寬 4.2 厘米（線圖 42）。〔註 130〕

◎ 中國歷史博物館藏戰國猛虎食人玉佩 1 件，青白色，玉質純潔，長 6.2、
寬 3.8 厘米，兩面雕，刀法精緻，細如毫髮，中呈環狀，作一猛虎伏於一
裸人體身上，正在吞噬人的腰腹，虎的一爪按住人的右臂，另一爪按住
人的左足，人奮臂伸足作掙扎狀，環的兩側各飾一揚臂翹足的舞人，人
下各有一昂首蜷尾的蛇形物，佩身尚殘存朱砂痕跡，色彩鮮艷。從這件
玉佩的形制看，應是成套佩玉中的 1 件衡玉（線圖 43）。〔註 131〕

◎ 現存美國弗利爾美術館，傳為洛陽金村韓墓出土的玉雕舞女佩飾，是戰
國時期的精緻作品，在玉管下懸垂一對玉雕舞伎，舞伎的額髮作半月形，
兩鬢卷曲，長裾窄袖，斜裙繞襟，腰繫大帶，翩躚起舞（線圖 4），〔註 132〕
極為活潑生動。

從這些圓雕、透雕、板狀體雕琢的玉人來看，其形制可大別為：

1. 人物獨雕

雙面玉人、結角髮髻玉人、玉童子、跪狀玉人、直立玉人、雙人舞伎等。

2. 人獸合雕

伏獸玉人、猛虎食人等。

由這些玉人來看，可知戰國時期玉人的雕琢極為興盛，並且題材豐富，
不僅有單面、雙面的玉人，而且男女長幼，姿態各異，無論是端正直立、或
翩躚起舞，以及跪坐姿態等都極為傳神，同時，對服飾髮髻的描繪，也都刻
治精細，極見精神，並可知其尊卑，尤其是裸體人像的雕琢，雖然在商周時

〔註 129〕見考古研究所洛陽發掘隊，〈洛陽西郊 1 號戰國墓發掘記〉，《考古》，1959 年，
期 12，頁 657。

〔註 130〕見范汝森，〈商周時代的幾件玉雕〉，《文物》，1959 年，期 7，頁 65。

〔註 131〕見石志廉，〈戰國小兒騎獸玉佩和猛虎食人玉佩〉，《文物》，1978 年，期 4，
頁 90。

〔註 132〕見賈峨，〈關於河南出土東周玉器的幾個問題〉，《文物》，1983 年，期 4，頁
80。

期即見，卻仍然是少數，流傳至戰國時期，也可明其淵源，是研究戰國時期玉人，以及服飾、生活習俗所不可或缺的資料。

至於人獸合雕的形制，就其題材而言，「伏獸玉人」所見的騎獸「玉人」，其造型都作童男女狀而不似成人，裸體，也不是一般世俗常態，而所騎之座獸，曲肢伏地，或捲尾作順服狀，也非一般眞實故事，因此，這樣的造型應與神話傳說有關。

《神異經·中荒經》所謂：「九府玉童玉女，與天地同休息，男女無爲匹配，而仙道自成，張茂先曰：言不爲夫妻也，男女名曰玉人。」這種「男女無爲匹配，而仙道自成」的觀念，在《莊子·天運》：「夫白鶂之相視，眸子不運而風化，蟲雄鳴於上風，雌應於下風而化。」也有相同的說法，可知以童男童女之玉人爲「永生」——與天地同休息，是戰國時期道家神仙思想的說法，「騎獸」也是神仙思想常見的作風，因此，中國歷史博物館所藏洛陽西郊 1 號戰國墓所發掘的兩件伏獸玉人，應是戰國時期道家神仙思想的反映，這樣的觀點，也與時代思想、風俗相符合，應爲無誤才是。

至於猛虎食人玉佩，這樣的造型，可追溯自青銅器中商代後期的「虎食人卣」器物，其意義則眾說紛紜，難以確立，仍可待考證；也是研究戰國時期玉人、風俗思想所仍可深入的地方。

二、玉龍

龍，是中國吉祥的象徵，也是四靈之一。

《易·乾》有：「九二，見龍在田，利見大人。」之句，王弼注曰：「出潛離隱，故曰見龍，處於地上，故曰在田，德施周普，居中不偏，雖非君位，君之德也。」是以龍比君位、君德之至尊也。

《呂氏春秋·召類》則謂：「以龍致雨」。高誘注曰：「龍、水物也，故致雨。」

《新序·雜事第五》：「葉公子高好龍，鉤以寫龍，鑿以寫龍，屋室雕文以寫龍，於是夫龍聞而下之，窺頭於牖，施尾於堂，葉公見之，奔而還走，失其魂魄，五色無主，是葉公非好龍也，好夫似龍而非龍者也。」

《說文解字》：「龍，鱗蟲之長，能幽能明，能細能巨，能短能長，春分而登天，秋分而潛淵，从肉飛之形，童省聲。」

這些記載，雖可略爲說明「龍」之意義與作用——是爲鱗蟲之長，可以致雨，並象徵人君至尊之位；然而，對於龍之形象，卻仍然描述不足。

　　商周時期，出土的玉龍不在少數，其形制並與甲骨、鐘鼎文字頗有異曲同工之妙，可知在遠古時期，「龍」之爲物，必有其形，後則滅絕，是以自春秋戰國以來，龍之形制多所附會，而變化也日趨繁複，即以《新序》中所謂春秋大夫葉公子高（僭稱爲公）好畫龍一事爲例，且不論其眞假，然而，「似龍而非龍者也」卻也多少反映了當時的習俗與認知，並間接肯定了龍的意義與象徵。

　　戰國時期的玉龍極爲發達，不僅於其上雕琢精細繁密的紋飾，而且形制多樣，今就出土所見，略作分析排比如下：

（一）玉龍造型

　　玉龍的造型大致可分爲獨體玉龍與雙首玉龍兩種，而其形狀則可分列如下：

1. 橋曲形（璜形）

　　如：信陽楚墓出土的雙首龍形玉佩（圖 42）；〔註 133〕長豐戰國晚期楚墓出土的玉佩（彩圖 19）；〔註 134〕山西長治分水嶺戰國初期墓出土的雙龍首璜（線圖 44）；〔註 135〕天津市藝術博物館所藏穀紋龍（線圖 45）與雙龍首璜（線圖 46）〔註 136〕等，都是顯著的代表，這樣的形制，在殷商和西周時期都可常見（圖 43、44）。

2. C 字形（玦形）

　　如：曾侯乙墓出土的圓雕龍佩，龍首尾相對，卷曲作玦形（圖 45），〔註 137〕其形制與紅山文化出土的玉龍相當（圖 46），並可大量見於殷商時期。

3. 螺旋形

　　如：曾侯乙墓出土的素面蟠龍佩，龍體較窄，蟠卷成螺旋狀的圓形（圖 47），〔註 138〕其形制並可溯源於殷墟婦好墓出土的玉龍（圖 48）。

〔註 133〕見《信陽楚墓》，頁 62。
〔註 134〕見楊鳩霞，〈長豐戰國晚期楚墓〉，《文物研究》，期 4，頁 93，黃山書社，1988年。
〔註 135〕見山西省文物工作委員會晉東南工作組、山西省長治市博物館，〈長治分水嶺 269、270 號東周墓〉，《考古學報》，1974 年，期 2，頁 80。
〔註 136〕見天津市藝術博物館、尤仁德，〈兩周玉雕龍紋的造型與紋飾研究〉，《文物》，1982 年，期 7，頁 72－75。
〔註 137〕見《曾侯乙墓》，頁 415。
〔註 138〕見《曾侯乙墓》，頁 415。

4. S 形

如：信陽楚墓 1 號墓所出土的玉龍，作單龍微彎曲狀（圖 49）；〔註 139〕
山西省潞城縣潞河戰國墓出土的 S 形玉龍（圖 50，線圖 47），〔註 140〕都是顯
著的代表，這種委婉流暢的造型，是戰國時期新興的形制。至於其變體則有
河南淮陽平糧台 16 號楚墓出土的龍形玉佩（圖 51），及中山王國出土的玉龍
（圖 52、53）。

5. W 形

如：曾侯乙墓的穀紋卷龍佩，曲身卷尾，呈 W 形（彩圖 20）；〔註 141〕山
西省潞城縣潞河戰國墓，龍彎頭挺胸，鉤尾（線圖 48）；〔註 142〕這種波浪式
起伏曲折的玉龍，極具動感，是戰國時期極為盛行的形制，至於其淵源，則
可見於天津市藝術博物館所藏雙龍形璏（線圖 49）——此器器身厚重，鏤雕
二龍曲折相連，左右二龍首，方耳，浮雕橢圓眼，張口，上唇翹卷，下唇尖
翹，內端有回卷紋，一肢，不分爪，有肘毛，身浮雕不規則排列的穀紋、雲
紋、絲束紋，此為戰國常見的曲折彎轉狀龍形佩之先導，其肘毛紋開戰國玉
龍紋飾之先例。另外《上村嶺虢國墓地》圖版貳玖之龍形佩，作素身二龍通
連，左右二龍首，與此璏龍形相近。〔註 143〕

6. 有翼

如：黃濬《古玉圖錄初集》卷二·三十四之雙龍雙鳳佩（彩圖 21，線圖
50）〔註 144〕——此器鏤雕並陰線細刻，二翼龍合身拱起呈橋曲形，附雕以嘴
相連的二立鳳，龍有尖翹卷角，橢欖形眼，閉口，上唇尖翹，一足，足分二
尖曲爪，尾尖曲分枝，身刻簡化鱗紋，翅有細羽紋，雕鏤細膩精絕。《淮南子·
覽冥訓》：「乘雷車，服應龍。」《廣雅·釋魚》：「有翼曰應龍。」玉雕翼龍始
於戰國，兩漢亦有仿效。

〔註 139〕見《信陽楚墓》，頁 62。
〔註 140〕見山西省考古研究所、山西省晉東南地區文化局，〈山西省潞城縣潞河戰國
　　　　墓〉，《文物》，1986 年，期 6，頁 12。
〔註 141〕見《曾侯乙墓》，頁 415。
〔註 142〕見山西省考古研究所、山西省晉東南地區文化局，〈山西省潞城縣潞河戰國
　　　　墓〉，《文物》，1986 年，期 6，頁 12。
〔註 143〕見天津市藝術博物館、尤仁德，〈兩周玉雕龍紋的造型與紋飾研究〉，《文物》，
　　　　1982 年，期 7，頁 72－75。
〔註 144〕見黃濬，《古玉圖錄初集》，廣雅社，1987 年。

（二）玉龍合雕飾物

龍，既是吉祥的動物，與其他形制的器物合雕，不僅更見其象徵寓意，而且形制、紋飾更爲繁複，益見其精緻華麗，戰國時期所常見的玉龍合雕物，大約有下列數種：

1. 龍螭合雕

如：天津市藝術博物館所藏雙龍四螭佩（線圖 51），此器鏤雕並陰線刻，二龍相背相連，交錯四螭，龍有長直翹耳，飾細毛，橢圓眼，閉口，上唇翹卷，一足，足分二尖曲爪，身刻雙鉤雲紋及鱗紋、絲束紋，卷曲尖尾；螭有尖耳，四足，足分二尖曲爪，身刻鱗紋、絲束紋，此佩玉質光澤晶瑩，造型均勻對稱，玲瓏剔透，紋飾繁滿細密，邊棱犀利，雕琢精湛工美，是同類玉佩之至精者，傳安徽壽縣出土，大概是楚國文物。《漢書・司馬相如傳》：「蛟龍赤螭。」注：「文穎曰：螭爲龍子。張揖曰：赤螭，雌龍也。」《說文解字・虫部》：「螭，若龍而黃。」是古代以螭爲龍屬，故佩作龍螭合體。如依張說，佩作龍螭交織狀，意爲雄雌交尾。

2. 龍鳳（鳥）合雕

如前所述《古玉圖錄初集》卷二・三十四之雙龍雙鳳佩（線圖 50），以及戰國晚期長豐楚墓出土的青玉鏤空龍鳳佩（彩圖 22）；另外，長豐楚墓中又有在卷龍佩上鏤雕立鳥（鳳）的形制（彩圖 23）。這種以龍鳳爲題材的合體玉雕，商周時期即有所見，而「龍鳳呈祥」、「龍飛鳳舞」也是中國人心目中吉祥的象徵，這樣的題材普遍見於藝術創作上。

3. 龍、鳳、蛇合雕

如：曾侯乙墓出土的四節龍鳳玉佩（彩圖 24），第一節爲對首的雙鳳，第二節爲首相交錯的較大的雙卷龍，兩龍尾部各爲一鳳，第三節爲屈首相背的略小的雙卷龍，第四節爲對首的較小的雙卷龍；器兩面以極細的線條陰刻出龍、鳳的細部和四條蛇（均在第二節上）。〔註145〕

4. 龍、鳳、饕餮合雕

如：Alfred Salmony, Carved Jade of Ancient China 圖版四十四的龍鳳饕餮佩（線圖 52），此器鏤雕與陰線細刻，龍鳳兩兩相連，中間夾一饕餮，龍有尖翹耳，橄欖形眼，閉口，上唇翹卷，尾卷曲連至饕餮前額，風格繁細工麗，與中

〔註145〕見《曾侯乙墓》，頁 219。

山王豐墓出土棺槨浮雕石版上雙龍雙鳳饕餮的紋樣亦相近。〔註146〕

5. 與環、璧合雕

如：戰國早期曾侯乙墓的雙龍玉璧（圖6）；河北平山中山國出土的三龍蟠環透雕佩（彩圖25），〔註147〕是戰國中期玉雕的特色；而《古玉圖錄初集》卷一·三十五的三龍形璧透雕（彩圖26）是在排列細密、規則的穀紋璧內外緣附雕三龍，龍身曲折作走獸形，則是戰國晚期玉雕的代表：這種在環、璧的內外緣雕琢玉龍或其他動物形制的手法，是戰國時期特殊的表現方式，並影響後代玉雕的製作方式。

（三）玉龍器面紋飾

穀紋、雲紋是戰國時期玉器紋飾的大宗，尤以穀紋興起於春秋戰國之際，於戰國、兩漢時期最為盛行，其寓意祥瑞，並大量雕於玉龍上為飾，此說將另文於第四章中詳述，至於玉龍上的紋飾，歸納起來，大約有如下數種：

1. 穀紋

有規則和不規則狀，多滿佈於龍身或尾上，取其生生、美善之意。

2. 雲紋

有規則和不規則狀，並有雙鉤、陰刻手法，其紋飾也多滿佈於龍身或尾上，應有「以龍致雨」之意。

3. 鱗紋

多琢於龍身為飾，以龍為「水物」、為「鱗蟲之長」而附著。

4. 絲束紋

多與穀紋或雲紋合雕於龍身，表現細密繁複的雕琢技藝。

5. 羽毛紋

琢於翼上，有寫實之意。

6. 回卷紋

多刻於卷唇內部。

7. 另有菱形、**圓形網紋**等為飾，使玉龍更為精緻。

〔註146〕見天津市藝術博物館、尤仁德，〈兩周玉雕龍紋的造型與紋飾研究〉，《文物》，1982年，期7，頁72～75。

〔註147〕見河北省文物管理處，〈河北省平山縣戰國時期中山國墓葬發掘簡報〉，《文物》，1978年，期1，頁9。

（四）玉龍細部和特徵

1. 首

大多爲橢圓形或尖圓形，又有方形銳角，如山西長治分水嶺出土的雙龍首璜（線圖 44）；以及天津市藝術博物館所藏「雙龍首璜」（線圖 53）。

至於龍首方向則有：

（1）順勢前傾——如線圖 46、47 等。

（2）回首　┌有角度┌多上揚，如彩圖 25 及圖 51〔註 148〕的特殊造型。
　　　　　│　　　└首下垂，如中山王國出土的玉龍（圖 52）。〔註 149〕
　　　　　└平正，如線圖 48。

2. 角

戰國早期玉龍角多不顯著，及至戰國晚期則出現尖翹卷角，形制極爲誇張華麗，並具有飛揚的姿態，非常生動，影響後代龍角的造型很大，而其分別則有：

（1）長翹平截——如四川涪陵小田溪出土的龍形佩（圖 54）。〔註 150〕

（2）尖翹卷角　┌分枝——如彩圖 26。
　　　　　　　└不分枝——如線圖 50。

3. 唇

上下唇的變化很多，並上長下短，各具特色，略說明如下：

（1）開口　┌上方圓下平截，如圖 49 及圖 52。
　　　　　├上方圓下卷翹，如曾侯乙墓出土的榖紋卷龍佩（線圖 54）。〔註 151〕
　　　　　└上卷翹下卷翹，如彩圖 25；另外，楚墓出土的玉龍（線圖 55），〔註 152〕大多是上唇頗長，下唇如鉤，是楚國玉龍常見的形態。

〔註 148〕見河南省文物研究所、淮陽縣文物保管所，〈河南淮陽平糧台 16 號楚墓發掘簡報〉，《文物》，1984 年，期 10，頁 26。

〔註 149〕見《中山王國文物展》，圖版 61，日本經濟新聞社，1981 年。

〔註 150〕見四川省文物管理委員會、涪陵地區文化局，〈四川涪陵小田溪四座戰國墓〉，《考古》，1985 年，期 1，頁 17。

〔註 151〕見《曾侯乙墓》，頁 415。

〔註 152〕見河南省文物研究所、淮陽縣文物保管所，〈河南淮陽平糧台 16 號楚墓發掘簡報〉，《文物》，1984 年，期 10，頁 26。

（2）閉口，如圖 42 及曾侯乙墓出土的素面卷龍佩（圖 55）。〔註 153〕

4. 舌

玉龍有舌，在戰國時期極為少見，而曾侯乙墓的雙龍佩（圖 56，線圖 56），所透雕對稱的兩條卷龍，則作張口吐舌狀，長舌並陰刻成蛇形，其餘則少見。

5. 牙

玉龍有牙，戰國時期也極少見，而《古玉圖錄初集》卷一·三十五的三龍形璧上則有銳牙（彩圖 26），是戰國晚期的風格，並影響後代玉龍的造型。

6. 鬚

戰國時期不多見，出土的有戰國晚期楚國長豐貴族墓的玉璜（彩圖 6，線圖 57）。〔註 154〕

7. 耳

戰國時期龍耳的變化也很分明，大約如下：

（1）方翹形（雲頭形）——如線圖 46。

（2）尖翹形——如線圖 52。

（3）尖形（葉形耳）——如圖 42。

8. 目

玉龍可分有目、無目二種，其形則有：

（1）有目 ┬ 橢圓形（橄欖形），如彩圖 21、線圖 52，又有雙鉤橢圓
　　　　　 │ 眼，如線圖 45。
　　　　　 └ 圓形，如線圖 53。

（2）無目——如線圖 46。

9. 足

戰國玉龍的腳多作拳足狀，尖爪，其形則有：

（1）一足 ┬ 尖爪拳曲，如線圖 54。
　　　　　 └ 二尖曲爪，如線圖 50。

（2）二足——尖爪曲足，如彩圖 25 及彩圖 26 外緣左側所附雕的走龍。

（3）三足——作走獸形，是戰國晚期風格的代表，如彩圖 26 中央外緣
　　　　　　所附雕的走龍。

〔註 153〕見《曾侯乙墓》，頁 415。

〔註 154〕見楊鳩霞，〈長豐戰國晚期楚墓〉，《文物研究》，期 4，頁 93，黃山書社，1988 年。

10. 尾

戰國玉龍的尾部也極有變化，並姿態生動。

（1）平尾　┌─不分枝，如線圖 47、線圖 48。
　　　　　　└─分枝卷曲，如彩圖 20。

（2）尖尾　┌─不分枝，如圖 52。
　　　　　　└─分枝卷曲，華麗生動，如彩圖 26 外緣左側所附雕的走龍。

11. 有翼

翼龍始於戰國時期，《古玉圖錄初集》卷二・三十四的雙龍雙鳳佩（彩圖 21），即見平直上翹，並琢有細羽紋的翼。

戰國時期的玉龍，無論是形制或紋飾上，較商周時期的短小嚴謹，都有明顯的突破與超越，這固然是時代風氣使然，然而，其風格演變，在社會秩序劇烈動盪的時代中，表現自由奔放的躍動氣息，及強烈的生命力，這才是藝術創作最可貴的精神，也是戰國時期獨特的藝術風格。

因此，當我們看到戰國時期的玉龍，除了上述所描繪的細部特徵外，仍可發現其時代精神及美學觀念為：

1. 生機活潑的動感造型

無論是龍的身、角、足、尾、舌等，都是流線型的優雅姿態，造型婉曲流暢，極具律動的美感；同時，玉龍的各個細部結構，其角度飛揚，也都呈現圓轉飽合的韻律，充份表現張力的極至及圓滿和諧的風格。

2. 形制華麗，氣勢虯勁，充份表現陽剛的美感

即使以位居南方的楚國而論，其器物風格多纖麗，然而，表現在玉龍的造型上，卻也不失偉麗的作風，同時，在出土的楚龍中，常見的形制已如前述線圖 55，另外，楚龍還有一個特色，就是盤折的楚龍，其身、首、尾、足常常相連成一器，並多呈扁平狹長狀，不如其他地區的玉龍多伸展不粘，也是分辨楚國玉龍的原則之一。

3. 紋飾繁密，技法卓越

戰國時期玉龍上紋飾變化之多，已如前述，其雕琢之精巧繁複，更表現當時手工藝技術之發達，及對玉龍象徵寓意的重視，是以其重要性也是不可忽視。

戰國時期的玉龍，不僅數量繁多，變化豐富，而且形制華麗，其造型更是具有承先啟後的重要關鍵，影響後代「龍」的造型非常深遠，因此，對於戰國玉龍的深入探討，自是必要而亟需的重要課題了。

三、其他肖生玉

另外，戰國時期的肖生玉，在出土挖掘中還有其他形制：

◎ 曾侯乙墓出土的虎形玉佩 1 件，極薄，雕成伏虎形，器的一面陰刻出虎的細部（眼、鬚、爪、皮毛等）；另一面陰刻一只鳥首，有圓眼，尖鉤喙和羽毛等（線圖 58）。此器特殊之處是，除虎形爲本墓出土的唯一形制之外，還在於它的兩面花紋不相同，一面爲虎，另一面爲鳥（鳳），且器小而薄，若用作禮器，似不相稱。〔註 155〕

◎ 河北平山中山王國墓葬有玉虎形佩一件（彩圖 27），〔註 156〕張口、圓目、卷尾，體扁平作伏臥狀，可繫佩。

◎ 紹興 306 號墓出土玉琥 1 件，玉質較佳，呈半透明狀，雙面陰刻勾連雲雷紋（圖 57，線圖 59）：又有牙形玉佩 2 件，方頭，尾稍殘，1 件頭部似虎首（線圖 60）。〔註 157〕

◎ 山西省潞城縣潞河戰國墓出土玉佩 1 件，正面中部爲長方形，兩邊爲回首虎形，飾卷雲紋，截面呈弧形，已殘（線圖 61）。〔註 158〕

◎ 山西侯馬上馬墓地發掘玉虎一件，虎俯首卷尾，腹部及尾部各有一圓穿（線圖 62）。〔註 159〕

◎ 洛陽金村出土，現藏美國弗利爾美術館的玉虎（彩圖 28）。

◎ 洛陽西郊 1 號戰國墓發掘獸形飾 1 件，白色（線圖 63）。〔註 160〕

◎ 曾侯乙墓出土獸形玉飾 8 件，完整，僅 1 件出自墓主小腿，餘皆在墓主腰間或大腿處，其中 E.C.11：201 有 2 件，器小而薄，透雕成一個回首卷尾的獸形，並於屈首和卷尾處各穿一個單向鑽孔（圖 58）。〔註 161〕

〔註 155〕見《曾侯乙墓》，頁 418。
〔註 156〕見《中國美術全集・玉器篇》，圖版解說第 122。
〔註 157〕見浙江省文物管理委員會、浙江省文物考古所、紹興地區文化局、紹興市文管會，〈紹興 306 號戰國墓發掘簡報〉，《文物》，1984 年，期 1，頁 19。
〔註 158〕見山西省考古研究所、山西省晉東南地區文化局，〈山西省潞城縣潞河戰國墓〉，《文物》，1986 年，期 6，頁 12。
〔註 159〕見山西省考古研究所，〈山西侯馬上馬墓地發掘簡報（1963－1986 年）〉，《文物》，1989 年，期 6，頁 18。
〔註 160〕見考古研究所洛陽發掘隊，〈洛陽西郊 1 號戰國墓發掘記〉，《考古》，1959 年，期 12，頁 657。
〔註 161〕見《曾侯乙墓》，頁 423。

◎ 山東省曲阜魯國故國墓葬出土的玉馬，是現存最早的立雕馬，足下有底座，陰線飾口、耳（彩圖 29）。〔註 162〕

◎ 曾侯乙墓出土的鳥首形玉佩 1 件，器近長方形，其中一端平齊，上側為一排六個單向鑽孔，下側透雕，中間有一個單向鑽孔，器兩面雕刻雲紋，邊緣還陰刻斜線紋，鳥首形的一端除兩面各雕出一個凸圓眼外，還雕有連續的點狀紋（圖 59）。〔註 163〕

◎ 紹興 306 號戰國墓發掘小玉鳥 2 件，全長僅 0.5－0.6 厘米，製作粗劣，僅略形似。〔註 164〕

◎ 河南輝縣固圍村 2 號墓出土的鸚鵡形玉佩（線圖 64）；及 6 號墓東側祭祀坑中的俯身人架旁，有 1 件孔雀形玉鳥（線圖 65）。〔註 165〕

◎ 紹興 306 號戰國墓發掘小玉蟬 1 件，長 1.3、寬 0.8 厘米，刀法簡練，形態逼真；另有蟬形玉佩 6 件，方首尖尾，形似蟬，但全身向一側彎曲，結合紋飾，也可認為側視的龍紋佩，紋飾作雙面淺浮雕或陰刻卷雲紋（線圖 66）。〔註 166〕

◎ 曾侯乙墓出土的魚形玉佩 3 件，姿態各異，並有穿孔（彩圖 30，圖 60）。〔註 167〕

◎ 山西侯馬上馬墓地發掘玉魚二件，標本 1004：47 黃褐色，有光澤，兩面飾蟠螭紋，豎穿一孔（線圖 67）；M1004：46 綠灰色，兩面飾蟠螭紋（線圖 68）。〔註 168〕

戰國時期的肖生玉，除了上述人物、龍、鳳、虎、蛇、獸形、馬、鳥、蟬、魚等，都是有出土記錄可循的器物，至於其他形制的玉器則較為少見，而且數量上，除了玉龍外，也遠遜於商周時期的肖生玉，這是戰國時期的特

〔註 162〕見《中國美術全集・玉器篇》，圖版解說第 129。

〔註 163〕見《曾侯乙墓》，頁 418。

〔註 164〕見浙江省文物管理委員會、浙江省文物考古所、紹興地區文化局、紹興市文管會，〈紹興 306 號戰國墓發掘簡報〉，《文物》，1984 年，期 1，頁 19。

〔註 165〕見賈峨，〈關於河南出土東周玉器的幾個問題〉，《文物》，1983 年，期 4，頁 78。

〔註 166〕見浙江省文物管理委員會、浙江省文物考古所、紹興地區文化局、紹興市文管會，〈紹興 306 號戰國墓發掘簡報〉，《文物》，1984 年，期 1，頁 19。

〔註 167〕見《曾侯乙墓》，頁 418。

〔註 168〕見山西省考古研究所，〈山西侯馬上馬墓地發掘簡報（1963－1986 年）〉，《文物》，1989 年，期 6，頁 18。

殊現象；然而，戰國時期的動物形制，除了玉龍的造型奠定了日後「龍」的造型發展之外，還有另一種動物的造型興起——螭，這是前言所述不及，也必須特別提出補充的。

　　螭的興起，大約始於東周，戰國時期的螭形，大多見於青銅或金屬合金，信陽楚墓出土的錯金嵌玉鐵帶鉤上，就有精緻華麗的蟠螭（圖 1），圖 42 的雙首龍形玉佩，中央也應爲一倒置的螭首，另外，中山王國出土的石板上也有許多螭紋交錯盤折（彩圖 31，線圖 69）可知螭的造型，於戰國早期、中期即已盛行，並廣泛運用於其他器物上，秦始皇時，甚至以螭獸鈕爲傳國璽，〔註 169〕可知螭的象徵意義及重要性；然而，在先秦玉器中，除了前言龍螭合雕中，曾提及螭的造型，如圖 42 的雙首龍形玉佩中央，爲一反置的螭首，線圖 51 的雙龍四螭佩，也作龍、螭交錯狀，極爲精細繁複；但是，單獨以螭形出現於玉雕的，卻仍是少數，即使有，也大多是傳世器而不知其確實年代，因此，略備一格而不詳述，螭紋，至漢朝大量盛行，那麼，戰國時期螭紋的興起，正是奠定了日後發展的根基，實不可不知。

〔註 169〕見《晉書・輿服志》：「秦始皇藍田玉璽，螭獸紐。在六璽以外，後世名曰傳國璽。」

第四章　戰國時期玉器的紋飾與形制

第一節　玉器的琢治過程

　　玉器經選材、打樣、切割、琢磨、抛光後，多晶瑩剔透，惹人喜愛，而其琢治過程，一般則少見，今就出土玉器中所見，略述一二，以明白玉器琢治的過程。

　　戰國早期曾侯乙墓中曾發掘 1 件穀紋玉璧 E.C.11：83，較大，單面局部雕刻穀紋，其餘地方素面。青黃色，孔壁直，局部原微有缺損，器面上殘存割痕，帶疵，直徑 12.7、孔徑 4.7、厚 0.7 厘米（圖 61）。這是雕花玉器中較少見的 1 件半成品，其穀紋有的已近完成，有的僅淺刻出草樣，內、外緣也僅各淺刻一周弦紋。據此可推知這件玉器紋飾的雕刻步驟：首先，在抛光的器面上，將內、外緣各淺刻出一周弦紋草樣，規畫出穀紋將占有的空間，再把璧分為四等分，在其中一分的位置上，自上（外）而下（內）、自左而右地淺刻出穀紋草樣，然後按同樣順序逐步雕深穀紋，直到合乎要求，最後修整內、外緣的弦紋，形成內、外界線。在雕刻紋飾的過程中，器面上因剖玉成器時留下的割痕，也被消除。因此，就一般玉器而言，凡通體雕花的玉器往往無割痕，而素面玉器又往往有割痕，此中不難窺見當時玉雕工藝的流程。

　　另外，曾侯乙墓也出土 1 件異形玉璧，W.C.10：7，完整，青黃色，器面扁平，近似長方形。中間為一近方形璧，兩旁各侈出一近方形飾物，素面。器的一面，在中間的璧與兩旁飾物之間，各有一道弧形淺溝。推測玉匠正想將兩旁飾物作進一步的雕琢，但未完成即中止了（邊緣都經抛光）。因此，

此器可能是半成品。長 5.2、中寬 2.8、孔徑橫 1.3、縱 1 厘米、厚 0.4 厘米（圖 7）。

曾侯乙墓中的隨葬品豐富，形制繁多，充份顯示墓主的身份地位重要。而墓中發現的玉石璧共 115 件。其中，玉璧即有 67 件，大小不一，並可分爲穀紋、雲紋、素面、雙龍、異形等五種。而其件數則分別爲：穀紋——7 件，完整。兩面雕 4 件，單面雕 2 件，單面局部雕刻穀紋的 1 件；雲紋——5 件，完整，兩面雕刻雲紋；素面——53 件，器面上都殘留割痕；雙龍——1 件，完整；異形——1 件，完整。其中，以素面玉璧爲數最多，並殘留割痕，可知當時時間倉促，不及琢治完成，即入墓爲葬。

同時，墓中出土的雲紋玉璧中，E.C.11：66，青白，製作較精緻，有三周雲紋，孔壁直，直徑 8、孔徑 3.4、厚 0.6 厘米（圖 62）。此件玉器的紋飾似有一定的分布規律：雲紋均作「雙頭」式，兩頭大，當中小，三周雲紋中，內、外兩周的紋向相對，並相錯位，中間一周，按璧的四等分，每分上的紋向各自相反，每周雲紋中，各有一個形似逗號的穀紋作爲補白。與此件情況相同者，還有 E.140。〔註1〕

就此雲紋玉璧紋飾分佈而言，「內、外兩周的紋向相對，並相錯位」，然而就實物觀察，並不規整，且每周的穀紋補白，似乎也不只一個，分佈也不勻稱；較重要的是——中間一周，按璧的四等分，每分上的紋向各自相反。可知此器的雕琢過程，應自中圈四等分處規畫，而後旁及內外圈，並至其餘等分。

另外，E.C.11：139 穀紋玉璧內圈上，也可明顯發現長芽（至中圈）方平的穀紋，且方向一致，分布勻稱（圖 63），應是作爲四等分的標誌；雖然，璧上仍散見一、二處同式的穀紋，卻爲橫式，不具畫分區域的功效。

至於單面局部雕刻穀紋的 E.C.11：83 玉璧（圖 61），自殘存痕跡觀察，則仍先作四等分淺刻，並自外緣向內緣分別雕琢穀紋。

曾侯乙墓是戰國早期墓葬，半成品的玉璧，以及不是非常規整的紋飾排列，可幫助我們瞭解其間的製作過程，且不論是內外緣先後刻治的問題，然而，畫分爲四等分而逐次完成，卻是清晰可辨的事實，這與其後穀紋、雲紋紋飾整齊勻稱的排列相較，戰國早期的紋飾大小不一，紋飾參差，變化隨意，就更見原始且生意盎然。

〔註1〕見《曾侯乙墓》，頁 402－406。

今日，洛陽西郊仍殘留有戰國時期的製石場，堆積著 0.2－1 米厚的碎石片層，共有 8000 餘片，面積約十五平方米，與石片伴出的陶片都是戰國式的。因戰國人埋葬，惑於神仙服食家言有玉塞七竅則屍不腐的迷信，習慣於死者的耳目口鼻七竅處，各以象形的耳目口鼻玉片塞入，貧窮的不能備玉質，則以石片代替。〔註2〕都說明當時對死事的敬慎。同時，石場中並出有鐵斧、鐵錛、鐵釘等製石工具及陶鬲、繩紋盆、罐等食具，都可作為製石作坊的旁證。同時，三十多年來，考古發掘曾在洛陽東周城址和新鄭故城內發現製作玉石器的作坊遺址。從遺物可以看出，堅硬的石頭在這裡經過多次敲砸，剝落成片，截鋸成圓形和三角形，有的琢磨成精緻的面飾，有的加工成圭、璧一類的器物。〔註3〕

從河南出土的東周玉石器及治玉作坊遺址，可以看出東周時期，中原地區的先民，已熟練地掌握一套完整的治玉技巧，及治玉工具（如：鑽之類），再加上工商業繁榮，經濟提昇，玉器的發展，自然蓬勃而興盛了。

良渚文化中已有玉製的鑽形器（圖64，線圖70）發現，應為當時鑽孔器具的形制，且由出土發掘的玉璧、玉琮來看，其中心圓孔多以管鑽對鑽，孔壁有明顯的旋紋，孔徑並外大內小，且多留有寬 0.5 到 1 毫米的鑽槽，可見當時鑽孔的技術已相當普遍，尤其重要的是，玉琮上繁複細密的獸面紋飾或「神徽」的出現，牟永抗先生在《良渚文化玉器》一書的前言中，特別指出這些纖細的陰刻短線是徒手雕刻而成，而鏤孔玉件和玉雕紋飾，則是以兩面對鑽和線切割綜合組成的「搜」法完成，這些繁複的過程，都說明當時治玉技巧的水平，以及工具運用的純熟。

另外，殷墟婦好墓大量且精緻的玉器中，也有 2 件半成品，可做為瞭解治玉過程的參考，一件是標本 1101 的玉環，墨綠色，邊緣上大下小，似為他器的鑽心，一面有管砧痕跡一周，管外徑 2.1 厘米，當為半成品，直徑 4.5、厚 0.8 厘米（圖65）；〔註4〕另一件則為標本 1030 的龍紋玦，淡黃色，有小點，係半成品，圓形，未雕出缺口和脊棱，一面刻蟠龍紋，張口，方目細眉，尖狀角，尾尖外卷，身飾鱗紋，較少見，另一面磨平，未雕紋，孔略扁，直徑

〔註2〕見郭寶鈞，〈洛陽西郊漢代居住遺跡〉，《考古通訊》，1956 年，期 1，頁 21－22。

〔註3〕見賈峨，〈關於河南出土東周玉器的幾個問題〉，《文物》，1983 年，期 4，頁88。

〔註4〕見《殷墟婦好墓》，頁 120。

5.5、孔徑 0.9－1.3、厚 0.5 厘米（圖 66）。〔註5〕從這 2 件半成品來看，不僅可以明白殷商時期管鑽器運用的普遍和成熟，也可以明白玉玦的製作過程和技巧。

　　雖然，良渚文化以至戰國時期治玉的工具，至今仍未見確切的實物發現，然而，由新石器時代末期的玉器文化，以至於商周的銅器文化，進而戰國時期的鐵器文化，其間手工藝技術的突飛猛進，工具的改良，佔了不可抹滅的重要地位，而鐵器的運用並盛行，不僅改變了社會結構，促使手工藝品的繁榮並大量流通，造成商業文化的興盛。而治玉一事，在技巧與工具的改良下，也愈見精緻而輝煌燦爛，終於至戰國時期而達至顛峰。

第二節　動物紋飾

　　紋飾與形制是構成器物美觀與否的重要因素，也是人們在欣賞、鑑定時，所必須深入探討的主題。

　　器物製作時所刻治的形狀，以及器表上所裝飾的紋樣，有其時代性、地域性的特殊風格，這是眾所皆知的事實，然而，在一般人的觀念中，或是書籍上所因循沿襲的舊有名詞，卻仍然有將紋飾、形制二者混為一談的粗略現象；即如 1989 年 7 月初版的《曾侯乙墓》一書（中國社會科學院考古研究所編輯），頁 401 在談及墓中出土的玉器時，也有「紋飾有穀紋、雲紋、雙龍紋等。雕技可分為平雕、浮雕、陰刻、透雕、圓雕、穿孔等。」記載。其中，所談紋飾部份──穀紋、雲紋、雙龍紋，前二者的確是墓中玉器上常見的紋飾，然而，「雙龍紋」一詞，則有欠斟酌，以墓中雖然出土了許多以龍形為飾的璜、璧、佩等，然而，那畢竟是屬於形制的部份，而不能作紋飾看待，真正的紋飾應是穀紋、雲紋、弦紋、鱗紋等，二者實不應隨意混淆；這種現象，尤其是以龍形玉佩的名稱最為常見，並常常冠以「龍紋佩」之名而不察，以至坊間圖書也多因循舊章，相沿成風；本文除了藉此釐清外，也冀望日後對器物紋飾和形制的研究，能有更清楚的界定。

　　動物紋飾的發展，在玉器上，以新石器時代晚期良渚文化的人獸合雕、獸面紋飾、鳥紋等，發展最為引人注目，其中，又以獸面紋飾的發展，直接影響商、周青銅器上紋飾的鑄作，極為深遠而重要，及至戰國時期，獸面紋

〔註 5〕見《殷墟婦好墓》，頁 129。

飾盛極而衰，甚至在玉器上迅速消逝不見，同時，以動物形狀爲形制或紋飾的現象，在戰國時期也急速湧退，如：新石器時代彩陶上盛行的魚形紋飾，及商、周盛行的魚形玉佩；以及商、周時期，陶器、銅器、玉器上所常見的蠶形紋飾、蠶形玉器；和蟬形紋飾、蟬形玉器（佩飾或口琀）等，於戰國時期也都少見，可知紋飾的流行消長，與時代的社會性也有非常密切的關聯。

　　戰國時期，在玉器上使用動物紋飾的風尙，雖然並不普遍，然而，仍可略作歸納，分述如下。

一、獸面紋飾

　　獸面紋飾，興起於新石器時代良渚文化，而盛行於殷商、西周時期，及至戰國時代，卻是迅速衰微，成爲強弩之末。

　　獸面紋飾的發展，有其一貫的脈絡和傳承可循，今就出土考古文物發掘來看，新石器時代晚期的良渚文化，就已經有技巧成熟，造型獨特的獸面紋飾，無論是玉琮上構圖簡化的獸面紋飾（圖67），或是玉鉞、冠狀形飾上繁複細密，象徵權勢的「神徽」（圖68，線圖71），都是地位尊顯的代表，而其造型不論是繁複或簡化，對於獸面紋飾的描繪，卻都有類似的共同點，那就是──單線陰刻圓眼、寬鼻、方闊嘴，頭上並有羽毛狀冠飾；這樣的紋飾，應是「神獸」的模擬，代表著權勢、地位、威嚴、勇猛的意義。這樣的獸面紋飾大量出現在新石器時代文化晚期，也就是現代歷史、考古學家所謂的玉器時代文化，不僅說明獸面紋飾作爲主紋的重要地位，同時，獸面紋飾大量雕琢在美麗的玉石，及象徵權勢的斧、鉞、玉琮上，除了作爲裝飾的觀賞作用外，並也表示了它的珍貴性以及玉器本身的重要意義及價值，因此，獸面紋飾在新石器時代晚期大量興起，的確有其不可忽視的重要性。

　　及至殷商、西周時期，獸面紋飾仍然延續著玉器文化的精神，出現在玉器上，如：象徵權勢、武力的戈與斧（圖69、70），同時，更令人値玩味的是，商、周之際，青銅材質的興起──吉金──也就是一般所的稱的「國之重寶」，其主要紋飾，竟然也都是獸面紋飾，並可明顯地看出是受到良渚文化的影響，承繼新石器時代晚期風格的遺緒，這個時期的獸面紋飾，造型略嫌誇張，並帶有猙獰的氣息，呈現形式對稱，線條繁複的紋飾，其特徵爲：雙線陰刻臣字目、卷雲嘴（或有獠牙）；這樣的紋飾，大量出現在青銅器上作爲主紋，其意義仍然是權勢、地位的象徵，明確地指出獸面紋飾在不同時期、不同材質

上所反映出的象徵寓意以及主導性，也說明紋飾與器物材質、時代風格的緊密關聯。

　　及至春秋戰國時期，社會動盪、制度潰散、王室衰微、布衣可以爲卿相，在這樣權力中心轉移劇烈的時代，象徵權勢、地位的獸面紋飾，自然沒落而不再盛行，造型也不再具有強烈的象徵意義，線條簡略並失其本意。同時，鐵器的興起，強調的是實用的價值與作用，並不具有貴重的意義，也有別於青銅是爲「國之重寶」，再加上獸面紋飾在器物的發展上，是始於玉器而終於青銅器，尤其對於殷商、西周的青銅紋飾發展，具有非常深遠的影響；因此，戰國時期，雖然玉器的質與量仍然豐富而精緻，但是，獸面紋飾卻在玉器上迅速隱匿，這種象徵權勢沒落的現象，繼而也影響獸面紋飾在青銅器上日趨式微，直至戰國末期而消逝，這種以紋飾象徵表現寓意的手法，說明了玉器文化曾擁有的強勢文化以及主導性的強勢取向，也說明了獸面紋飾的重要性和權力象徵。

　　戰國時期的獸面紋飾，在玉器上並不多見，唯於曾侯乙墓中仍可見獸面紋玉琮 1 件（彩圖 14，線圖 27）。〔註6〕這件玉琮，出自墓主頭頂左側，正放，青白色，器表四面各陰刻一個獸面紋，射上陰刻橫 S 紋，並間飾陰刻的網紋；這件玉琮的形制較小，且墓中出土玉琮 2 件，另 1 件素面，說明「琮」作爲禮器的意義已經式微，而且，這件玉琮的紋飾雖然仍是獸面紋，卻已大爲簡略，不再繁複細密，只是粗具形式並以線紋裝飾而已！這都說明獸面紋飾的發展，已由盛而衰，並不再具有權勢的象徵，其社會價值和意義也隨著時代的轉移而日漸衰微，因此，這件獸面紋玉琮出現在戰國早期，貴爲王公的曾侯墓中，其意義和作用就更值得我們重視和肯定了。

二、龍形紋飾與形制

　　戰國時期，以龍爲形制的玉器非常多，無論是璧、璜、玦、佩等，都可常見以龍（或龍首）作爲器物部份或整體的形制，並且變化多樣，形制豐富，然而，以龍形爲紋飾而雕刻在玉器上的，卻爲數不多。

◎ 曾侯乙墓出土的玉方鐲（或名「矮體琮」），2 件，屬一對，相鄰出自墓主腰間，作圓角方形，內孔不甚圓，器表四角，各浮雕一條卷龍，四壁雕刻穀紋（圖 71，線圖 72）。〔註7〕這條「卷龍」，回首、翹尾，並有前、

〔註6〕見《曾侯乙墓》，頁414。
〔註7〕見《曾侯乙墓》，頁414。

後足伸展作舞爪狀，姿態雖嫌誇張，卻極為矯健生動。可說是戰國後期盛行「走龍」有足的淵源。

◎ 上海青浦重固戰國墓出土的 1 件玉璧，在玉璧的正背兩面內重陰刻單線圓渦紋，外重為四組雙尾龍紋組成一圈，外緣和內緣繞以弦紋。這件玉璧，製作精緻，布局嚴謹，線條流暢，並與湖北光化五座墳西漢墓出土的玉璧相同（圖 72）。〔註 8〕同時，這種以龍為紋飾的玉璧，是西漢時期所常見的製作手法，因此，上海出土的這件戰國晚期「雙尾龍紋璧」，就更見其重要而珍貴了。

三、蛇形紋飾

蛇形紋飾出現在玉器上，並不多見。因其形盤曲而長，是以坊間世俗也有以蛇為「小龍」的稱謂，這樣的說法，可能是受到古籍解註的影響而流傳，並無學理和事實上的根據。

《尚書大傳・洪範五行傳》有言：「時則有龍蛇之孽。」注曰：「蛇，龍之類也，或曰：龍無角者曰蛇。」這種「龍、蛇」雜處而以為同類的說法，是後人解注時的附會，的確影響後世對龍、蛇的形象有所混淆。

然而，蛇的本字為──它。就文字發展觀點而言，無論是甲骨或鐘鼎上，它、龍二字都是各有所本，在形象和意義上也都畫分清晰，同時，就以殷墟婦好墓出土的玉人為例，玉人衣上有精緻的雲紋和蛇紋（圖 93，線圖 95）為裝飾，其紋樣非常明顯，然而，蛇的象徵意義及形貌發展，遠不如龍的威武雄強並寓意豐富，因此，蛇形紋飾並不多見，也是必然，今就戰國時期曾侯乙墓中出土玉飾上的蛇形紋飾，略作分析如下：

◎ 曾侯乙墓的四節龍鳳玉佩，其中，第二節為首相交錯的較大的雙龍尾，兩龍尾部各為一鳳，在器表的兩面以極細的線條陰刻出龍、鳳的細部和四條蛇（均在第二節上）（彩圖 24，線圖 73）。

◎ 曾侯乙墓 E.C.11：229 的雙龍玉佩，器作長方拱橋形，透雕出對稱的兩條卷龍，張口吐舌，器的拱起面，在龍身上雕刻穀紋，長舌陰刻成蛇形，另一面（內凹面）僅局部雕刻穀紋，餘皆素面，並殘存割痕（圖 56，線圖 56）。

〔註 8〕見上海市文物保管委員會，〈上海青浦縣重固戰國墓〉，《考古》，1988 年，期8，頁 692、693。

◎ 曾侯乙墓的十六節龍鳳玉掛飾，除了透雕的龍、鳳外，還有兩面雕刻或陰刻的龍、鳳、蛇等，其中有的僅具首面，而第十四節和第十五節上，並出現鳳爪抓蛇的畫面（彩圖 5，線圖 74）。〔註9〕

四、螭形紋飾

螭的形制，大量見於河北平山中山王國墓出土的「石製六博棋盤」（或稱「石板」）（彩圖 31，線圖 69），〔註10〕以及戰國早期信陽楚墓的「錯金嵌玉鐵帶鉤」、「雙首龍形玉佩」上（參第三章——肖生玉一節），雖然，傳世器上也有螭的形制，然而，以螭爲紋飾，除了「石製六博棋盤」外，其餘則少見，玉器上更是如此！這樣的發展，是否仍有其他深意，則尚待更多的考古發現予以證明，今且就出土報告所載，條列於後，以爲備考。

◎ 紹興 306 號墓有鎏金嵌玉扣飾 1 件，已殘成兩段。玉件爲橢圓形環狀體，兩面雕飾蟠螭紋，一側鑲嵌鎏金獸頭。〔註11〕

◎ 湖北隨縣擂鼓墩 2 號墓有玉璜 2 件，背部中央有一圓孔，飾雙勾蟠螭紋，雕刻精細，〔註12〕唯圖版模糊，難以確認。

五、鳳鳥形紋飾

◎ 曾侯乙墓出土的虎形玉佩 1 件，極薄，雕成伏虎形，器的一面陰刻出虎的細部，另一面陰刻一只鳥首，有圓眼，尖鉤喙和羽毛等。此器特殊之處，除了虎形是墓中唯一的形制外，還在於它的兩面花紋不同，一面爲虎，另一面爲鳥（鳳）（線圖 58）。〔註13〕

◎ 曾侯乙墓的十六節龍鳳玉掛飾上，有兩面陰刻的龍、鳳、蛇，而第十四、十五節上，並出現鳳爪抓蛇的畫面（彩圖 5，線圖 74）。

綜合上述幾種動物紋飾，在玉器上僅見龍、蛇、獸面、螭、鳳鳥等紋飾，而且並不普遍，這固然是由於動物紋飾的表現不如動物形制（肖生玉）的活

〔註9〕見《曾侯乙墓》頁 417－420。

〔註10〕見河北省文物管理處，〈河北省平山縣戰國時期中山國墓葬發掘簡報〉，《文物》，1979 年，期 1，頁 26。

〔註11〕見浙江省文物管理委員會、浙江省文物考古所、紹興地區文化局、紹興市文管會，〈紹興 306 號戰國墓發掘簡報〉，《文物》，1984 年，期 1，頁 20。

〔註12〕見湖北省博物館、隨州市博物館，〈湖北隨州擂鼓墩 2 號墓發掘簡報〉，《文物》，1985 年，期 1，頁 27。

〔註13〕見《曾侯乙墓》頁 417－420。

潑生動，同時，在技法上，線刻的形式也不如圓雕、透雕的繁複多變，因此，動物形式的紋飾表現，不及動物形制的運用普遍，更不及植物紋飾與幾何紋飾的具有特殊意義，並有較大的彈性組合與變化，以便於紋飾運用。

同時，更值得注意的是，玉器上的動物紋飾，自良渚文化以來的神徽——神、獸合體，以及玉鉞上的鳥紋，玉琮上大量的獸面紋飾，以至商、周時期仍然盛行的獸面紋，都說明動物紋飾曾經是玉器紋飾的主流，並是權勢的象徵，或宗教祭祀的標誌，然而，到了戰國時期，周室衰微，禮壞樂崩，獸面紋飾也迅速消逝不見，其中，紋飾所反映出的社會意義與時代象徵，也清晰可知，並與當時的社會發展相互吻合。因此，動物紋飾，尤其是獸面紋飾或鳥紋，曾經是權勢的象徵，自然可以肯定。今日，戰國時期的動物紋飾，雖然仍可見獸面、龍、蛇、螭、鳳鳥等紋飾，然而，卻大多出於曾侯乙墓，而少見於其他墓葬，曾侯是當時王侯的墓葬，玉器上雕琢細密的動物紋飾，也間接說明獸面、龍、蛇、鳳鳥等紋飾，是尊位權貴的標誌。

新石器時代原始部落所強調的神徽——原始崇拜，以及殷商時期的敬事鬼神，在紋飾上所反映的是獸面紋飾的盛行——宗教意識；而西周時期，崇尚的是封建制度，宗法倫理，並以國君爲至尊，獸面紋飾仍是權勢的象徵，並影響商、周時期青銅紋飾的發展，可見獸面紋飾的延續性及象徵寓意；及至戰國時期，強調的是個人的自由發揮，布衣可以爲卿相，在擺脫了宗教及一切制度的束縛後，反而眞正奠定了以人爲本位的人文思想和精神，而獸面紋飾的象徵意義，不再合乎時代的潮流和社會習尚，迅速地消逝不見，其寓意自然明確，而動物紋飾的淵源及其演變，以及其中所透露出的時代訊息，也就清晰可知了。

第三節　植物紋飾

先秦時期器物上，植物形紋飾出現在玉器上仍不普遍。除穀紋是爲大宗，並具有特殊的象徵意義外，其餘形式則仍少見，這種特殊的現象，並不見於其他紋飾和器物的發展，是否有其深意，則是本節所欲探討的重點所在。

一、植物紋飾與玉器作用、材質間之關係

植物形紋飾，除了穀紋，其他並不見於玉器上。然而，在青銅器中，商朝曾出現裝飾細密的蕉葉紋飾，如：1938 年湖南寧鄉月山舖出土，商朝晚期

的「四羊方尊」，口沿下即飾繁複的蕉葉紋（圖 73）；而「婦好觚」的頸飾，也有修長精緻的蕉葉紋（圖 74）；另外，1923 年河南新鄭李家樓出土春秋中期的「蓮鶴方壺」，器頂作鏤空花瓣，為雙層仰蓮形式（圖 75）；而 1982 年江蘇盱眙南窯莊也出土戰國中晚期「重金壺」1 件，肩腹有鏤空銅絲網套，作螭龍糾結狀，上並有朵朵梅花為飾，極為精細（圖 76）；1981 年河南洛陽小屯也出土 1 件「錯金銀有流鼎」，蓋面及器腹滿飾四瓣花紋，形式整齊而圖案化（圖 77）。都說明自商周以來，青銅器上的紋飾，除了猙獰嚴整的獸面紋飾之外，還有許多生動活潑的花葉形紋飾。

同時，在陶器上，仰韶文化中的廟底溝彩陶、馬家窯彩陶，都出現許多葉形為飾的花紋（線圖 75、76），而大汶口文化中，以花瓣為紋飾的圖案，更是屢見不鮮（線圖 77、78），而其線條流暢，形式活潑，也令人讚歎；另外，河南新鄭縣李家村所發現的春秋墓中，也出土 1 件十五瓣仰蓮式的「彩繪陶豆」，形制華麗（線圖 79）；都可見植物花葉形式的圖案或形制，早在新石器時代晚期即已出現，並普遍作為器物的裝飾。

然而，唯獨玉器上卻少見植物花葉的紋飾或造型。雖然，出土報告也有若干植物紋飾的記錄，卻仍然是少數，且整理如下。

◎ 河南偃師二里頭遺址中曾有殘玉器 3 件，都是長條形，III窯 1：6，作淡黃色，有柿蒂紋和突起弦紋（線圖 80）；〔註14〕另外，遺址中又有玉柄形飾，其粗節有單線或雙線的獸面紋，中節（包括柄部）琢成花瓣紋（圖 78，線圖 81）。〔註15〕

◎ 鄭州市銘功路西側的兩座商代墓，也有 1 件柿蒂形飾（M4：2）出土於人骨架腰部西側的墓壁處，一面平直，一面微鼓，在器表的四面中間各刻出一個凹槽，並對稱凹線，形成柿蒂形，器的中間有一小圓穿（圖 79）。〔註16〕

◎ 1958 年春河南安陽市大司空村殷代墓葬發掘也有 1 件柳葉形玉飾，色呈青灰，形如柳葉，後有穿孔（線圖 82）。〔註17〕

〔註14〕 見中國科學院考古研究所二里頭工作隊，〈河南偃師二里頭遺址三、八區發掘簡報〉，《考古》，1975 年，期 5，頁 306。

〔註15〕 見中國科學院考古研究所二里頭工作隊，〈偃師二里頭遺址新發現的銅器和器〉，《考古》，1976 年，期 4，頁 262。

〔註16〕 見鄭州市博物館，〈鄭州市銘功路西側的兩座商代墓〉，《考古》，1965 年，期 10，頁 504。

〔註17〕 見河南省文化局文物工作隊，〈1958 年春河南安陽市大司空村殷代墓葬發掘簡報〉，《考古通訊》，1958 年，期 10，頁 57。

　　雖然，在這些出土報告中有部份植物紋飾的記載，然而，對照圖片來看，卻未必盡如所述，其玉飾形狀也並非即如植物花葉紋飾。

　　夏鼐先生在〈漢代的玉器——漢代玉器中傳統的延續和變化〉一文中，曾提及漢代玉器的紋飾「像殷周時代的玉器一樣，植物花紋仍未有出現。定縣北庄東漢墓中 1 件玉帶鉤上刻有類似花蕾形的花紋，即使是這種疑似植物紋的花紋也極少見。」〔註18〕在此文中，夏鼐先生認為：玉器上的植物紋飾在先秦時期仍未出現，直到東漢始略見疑似花蕾形的植物紋飾（線圖 83）。〔註19〕

　　然而，考之定縣北庄發現的「花蕾形」紋飾，作四葉狀，於玉器上雖只一見於玉帶鉤，但在同墓中所出土的鐵器、銅器飾物上，則普遍見此式樣，甚或作七尖、八尖、花朵形四尖（圖 80，線圖 84），有如花瓣或花蒂形式，可以肯定為植物紋飾；這樣的造型，如同將銅器紋飾中的蕉葉紋，或三角形鋸齒狀的垂葉紋立體化一般。另外，河北邢台西漢墓中也發現有雕刻柿蒂紋和雲紋的玉衣片（圖 81）〔註20〕；山東五蓮張家仲崮漢墓，也發現類似的草葉紋、雲形紋玉片（線圖 85）〔註21〕，形狀與定縣北庄出土的葉狀紋飾有異曲同工之妙，因此，可以肯定的是，草葉紋飾在兩漢時期已普遍做為器物的裝飾紋樣，這種現象，與漢墓中壁畫、磚瓦、棺槨、銅鏡上所出現大量以草葉為紋飾的時代風格，也頗為相當。可見草葉紋飾自仰韶、大汶口彩陶上興起後，在先秦時期的發展，仍不是非常盛行，雖見於青銅、陶器，然而，在玉器上琢草葉為飾，則仍待發現。

　　玉器上有大量的穀紋紋飾，卻從不見於青銅、陶器中，而草葉植物紋飾，見於青銅、陶器，卻不見於先秦玉制器物，這種特異的現象，與器物本身的作用有密切的關聯。

　　今以青銅器為例，當它做為國之重寶——禮器的意義式微後，而只是一件生活實用的容器或葬器時，其象徵意義，如：獸面紋符號的寓意，也必然

〔註18〕見《考古學報》，1983 年，期 2，頁 143。
〔註19〕見河北省文化局文物工作隊，〈河北定縣北庄漢墓發掘報告〉，《考古學報》，1964 年，期 2，頁 143。
〔註20〕見河北省文物管理處，〈河北邢台南郊西漢墓〉，《考古》，1980 年，期 5，頁 404。
〔註21〕見濰坊市博物館、五蓮縣圖書館，〈山東五蓮張家仲崮漢墓〉，《文物》，1987 年，期 9，頁 83。

式微而失去其本意。而紋飾或造型在器物擺脫了禮儀的束縛後，也必將有更大的彈性與改變，是以蕉葉紋、蓮花紋、梅花紋，甚或無以名之的花瓣紋，這些純為裝飾而無甚象徵寓意的紋飾，都可在原本視做「吉金」的青銅器上，隨意充斥，這樣的發展，尤以戰國中晚期的青銅器紋飾最為顯著，以致當鐵器的使用普遍盛行於戰國時期後，青銅的發展自然日趨沒落。

同時，作為實用器或隨葬品的仰韶文化與大汶口文化中的彩陶，其為禮器的功能不似玉器、青銅器的規格較高，是以紋飾的發展多為幾何形、花葉形、渦紋等較具裝飾性質而少有象徵寓意的紋飾，這個現象，也都說明了紋飾發展與器物作用間，有相當程度的密切關聯。

隨著近年來出土文物不斷地挖掘，可以發現，玉器作為禮器的重要性，並不遜於青銅器作為國之重寶的發展，是以紋飾的遞變，也有其必然程度之演化。由良渚文化中精緻成熟的「神徽」，影響商周時期青銅、玉器上「獸面紋」之盛行，以至於春秋戰國之際，銅器上的獸面紋雖仍存在卻已日趨式微，而玉器上的獸面紋飾則消逝迅速，這固然與時代性玉器本身作為珍寶貨賂的實用功能增強有關，然而，玉器本身紋飾的發展，由神徽以至於獸面紋，並盛極而衰的必然趨勢，也是事物演化的自然現象，不可阻遏；而穀紋紋飾的適時興起，雲紋紋飾的普遍流傳，並都具有象徵寓意，蔚然成風，成為戰國時期玉器紋飾的正宗。

先秦時期的玉器，無論是瑞玉、佩玉、祭玉、葬玉，作用繁複，地位重要，使用也極為普遍，其形制雖多，紋飾呈現卻極為單純，這種現象尤以戰國時期達於極至。因此，作為裝飾用的草葉紋，雖常見於青銅、陶器上，卻獨不見於玉器，這不僅印證了玉器的經濟作用及社會價值極為珍貴，不可流俗，同時，也說明玉器紋飾的主導性，強勢取向，並自成一格的特殊風貌，是不可以與其他器物紋飾任意混用、錯亂的。戰國時期，玉器中的植物紋飾，只見穀紋而不見其他，而穀紋的完成，也只見於玉器上，這種專屬附從的緊密關係，說明紋飾與器物材質間的作用，也不可任意忽視，而紋飾本身所反映的時代、社會意義，以及與器物作用消長間的密切關係，也由此清晰可見了！

二、穀紋、乳丁紋飾同源異名考

穀紋的興起，自春秋戰國之際以至於秦漢時期最為發達，而此種紋飾，只見於玉器紋飾上，並不見於其他器物，這種特殊現象，是否有其深意？而

玉器中，又以玉璧、龍形佩飾上所雕琢的穀紋紋飾，出現次數最爲頻繁，變化也多，那麼，穀紋紋飾所代表的意義及其淵源演變，究竟爲何？穀紋的出現與形狀類似的乳丁紋飾，其間又有何關聯？今試略解析如下：

一般所謂的穀紋，是指在凸起的半球狀圈心上，依形琢出一圓線，其留尾處尖細，有如穀物生芽滋長貌，是以稱爲穀紋。《周禮·春官·大宗伯》也有：「子執穀璧。」之句，可知在璧上琢穀紋爲飾，於先秦時期即見；至於乳丁紋，則爲半球狀凸起之紋飾；有如乳房之形而名之，自商周以來，於青銅器上即大量見此紋飾（圖 82－85），且《周禮·考工記·鳧氏》並謂：「鍾帶謂之篆，篆閒謂之枚，枚謂之景。」東漢鄭司農注云：「枚，鍾乳也。」此即後人所稱之乳丁紋，並皆見於典籍記載、青銅、玉器中。

穀紋、乳丁紋，二者形似而異名，並都出現於玉器紋飾上，然而，這二者之間究竟有何關聯？其本意爲何？今就其命名本字著手，試探其源流。

按「乳」字之意義可大別爲二：

1. **人及鳥生子曰乳。有哺乳、滋育之意。**

《左氏·宣·四》：「虎乳之，䢵子田見之，懼而歸，夫人以告。」

《說文》：「人及鳥生子曰乳，獸曰產。从孚乙。」

《後漢書·李固傳》：「豈無阿乳之恩。」

2. **物形呈乳房狀者。**

即《周禮·考工記·鳧氏》所謂：「鍾帶謂之篆，篆閒謂之枚，枚謂之景。」鄭司農注云：「枚，鍾乳也。」

又，洞穴中礦物之液曰乳，其凝成種種形狀者曰石鍾乳。

可知「乳」字之意義，不僅有哺乳滋育之旨，更有象乳房形狀之意義。今日，銅器、玉器、陶器上出現半球狀凸起之紋飾，稱爲乳丁紋者，其來有自，而其名實應稱乳紋，爲狀乳房之形而命名，今且從眾名之曰乳丁紋。

乳丁紋飾，不僅粗指半球狀凸起之紋飾，更有在乳房狀紋飾上飾圓點之形有如乳頭，以言明「哺乳」之意義，如：信陽楚墓出土的 1－119 號編鐘（線圖 86），其半球狀凸起的紋飾上，有圓點如乳頭凸起，即明確表示乳丁紋飾的意義與形貌；而其作用則有如篆文「母」字──「从女加左右兩注，象胸閒兩乳。許云象裹子形，一曰象乳子也。」〔註22〕今依造字原理顯示：篆文「女」

〔註22〕見《說文解字詁林》12 上乙部，「乳」字，〈廣義校訂〉，鼎文書局，民國 64 年，冊 9，頁 944。

字加左右兩注是爲「母」字，意指成爲母親的女人，必須負起哺乳育兒之責，是以特別強調兩注——乳房的作用。因此，就器物本身命名之意而言，乳字有哺乳、滋育，繁衍種族的重要內涵。1975 年河南偃師二里頭出土 1 件乳丁紋爵，腹一面有兩道弦紋，其間飾以乳丁五枚，爲現今所見最早的青銅容器（圖 86，線圖 87），而商周時期，青銅器上出現大量的乳丁紋，其凸起有如錐狀物或半球狀，並於其上以線紋爲飾，說明在「國之重寶」上，飾以象徵哺乳、滋育的乳丁紋飾，有延續子嗣，生生不息之意，這與鐘鼎銘文上所常見的「子子孫孫，永寶用享。」之句，也相符合，可知乳丁紋飾的興起，絕非偶然，也並非率意而作之舉；至於玉器上的乳丁紋，較爲少見，形制也較爲簡明，多爲半球狀凸起的紋飾而已。

至於「穀」字，其蘊意則更爲豐富，並也有哺乳、滋育之旨。如：

1. **百穀之總名。指食物、養生之具，並作生、養解。**

   《詩‧國風‧大車》：「穀則異室，死則同穴。」傳曰：「穀，生。」

   《詩‧小雅‧小弁》：「民莫不穀，我獨于罹。」東漢鄭玄箋云：「穀，養也。」

   《說文》：「穀，續也，百穀之總名也，从禾㲋聲。」段注：「㲋者，今之殼字，穀必有稃甲，此以形聲包會意也。」

2. **善也。**

   《詩‧陳風‧東門之枌》：「穀旦于差。」傳曰：「穀，善也。」

   《禮記‧曲禮》：「於內自稱曰不穀。」

3. **祿也。與祿通，古代計穀之數以爲俸祿爵位高下。**

   《論語‧憲問》：「邦有道穀」魏何晏集解：「孔安國曰：穀，祿也。邦有道當食其祿也。」

   《說文通訓定聲》：「穀，叚借爲祿。」

   《周禮‧春官‧天府》則謂：「若祭天之司民、司祿，而獻民數穀數，則受而藏之。」鄭氏注曰：「祿之言穀也，年穀登乃後制祿，祭此二星者，以孟冬既祭之，而上民穀之數於天府。」說明有司於孟冬之際，以民穀之數獻祭於天府，並以此爲制祿之則。是以穀物豐收，不僅解生民之患，更是祥瑞之兆，值得慶賀。雖然，《周禮》一書，據其內容，應爲戰國中晚期時所作，固不可盡信爲西周禮制，然於戰國時期禮制之反映，則仍可略見一斑。

4. 乳也。與穀通，有哺乳幼兒之意。

《左氏‧莊‧三十》：「鬬穀於菟爲令尹，自毀其家，以紓楚國之難。」

晉杜預《春秋經傳集解》謂：「楚人謂乳曰穀，漢書作穀，音同。」

《漢書‧敘傳》：「楚人謂乳穀，謂虎於檡，故名虎於檡，字子文。」

《說文通訓定聲》：「穀，叚借爲穀。」

5. 作地名、國名、姓氏、水名。並與「告、榖、穀」等字相通。

　　綜合上述字義來看，「穀」字與生養、美善、爵祿之意有密切的關聯。不僅藉以生民、養民，更是品德、名位崇高的表徵。因此，古人在貴重的玉器上，雕琢象徵美好之意的穀紋紋飾，則更見吉祥祈福之旨，自是可以理解。

　　至於天津市藝術博物館尤仁德先生在〈兩周玉雕龍紋的造型與紋飾研究〉一文中指出：「戰國玉龍飾穀紋者極爲普遍，當與古代天文星象有關。曾侯乙墓出土的漆箱蓋上，繪有二十八宿全名，證明我國星象二十八宿說，至晚完備於戰國中葉。《漢舊儀》：『龍星左角爲天田，右角爲天庭。天田爲司馬，教人種百穀爲稷。』，按『龍星』即東宮蒼龍七宿之統稱。玉龍身雕穀紋，是古人以爲龍星主穀，在龍身上寄託風調雨順、糧穀豐登的祝愿之意。」〔註23〕

　　此文認爲：玉龍身上所雕琢的穀紋，與天文星象有關，並以「龍星」即東宮蒼龍七宿之統稱爲證。然而，考之實物，穀紋的出現，未必僅止於玉龍而已，圭、璧、環、佩、璜、玦、帶鉤、劍首、玉杯、玉盒……等，都可見以穀紋爲飾，且其形制與意義，未必都與星宿有關，妄加附會，則嫌牽強；且曾侯乙墓的年代，已經考訂爲戰國早期墓葬，〔註24〕是以此文所見，或恐仍有斟酌處。至於穀紋有「風調雨順、糧穀豐登的祝愿之意。」此則爲情理，以「穀」字本身即有生養之意，藉以祈福，以示美善。

　　今據出土報告所見，西安半坡遺址第 152 號墓，曾挖掘出一屬於十幾歲小孩的墓葬，其形制和儀式完全和成人的墓一樣，而墓中隨葬品的種類較多，腳下放一尖底瓶，還有兩個細泥紅陶缽，蓋著一個粗陶罐和另一個細紅陶平底缽，在缽的表面還附著有爲死者放置的小米的皮殼，在缽的下面壓著三個小石球，在腰的周圍纏繞一圈骨製的珠子，計有 63 粒，在左耳的下面有 1 個

〔註23〕見《文物》，1982 年，期 7，頁 73。

〔註24〕見《曾侯乙墓》，頁 461。

碧玉製成的穿有小孔的耳墜子，在這個墓中具體地顯映出當時人們對死者的關懷〔註25〕。

其中，令人注意的是——在缽的表面還附著有爲死者放置的小米的皮殼。這固然有「事死如事生」之意，而殘留的小米皮殼，也說明古人對死事的敬愼與關心。小米，也是五穀之一，以穀物隨葬，固有祈福免於飢餓之旨，而其行爲，則具體反映穀物在人們生活中不可或缺的重要地位。因此，早在半坡遺址，人們即以穀物隨葬，並相沿成俗；至於穀紋的興起，則遲至春秋戰國之際始見，說明尊貴者以穀物滋生之意爲紋飾，雕琢於珍貴的玉器上，不僅可以永寶用享，並更見祥瑞祈福之旨，是以玉器上出現穀紋爲飾，不僅更見其美好的意旨，並合於當時隨葬習俗。

《周禮·春官·典瑞》有言：「大喪，共飯玉、含玉、贈玉。」鄭氏注云：「飯玉，碎玉以雜米也。」這樣的習俗，不僅說明古人以穀物、碎玉隨葬的觀念，也間接說明穀物與玉器同置墓中的緊密關係；以尊貴者如王侯，其死事固不必以簡略的碎玉、穀物爲葬，而以珍貴的玉器，上琢精緻的穀紋隨葬，則更見長久、敬愼之意，是以玉器上琢穀紋紋飾，其來有自，而穀紋紋飾，大量見之於玉器而不見於其他器物上，也應與此習俗有關才是。

《戰國策·趙策》所謂：「鄒魯之臣，生則不得事養，死則不得飯含。」更明確指出戰國時期，飯玉、含玉一事的敬愼且不可忽視。

飯玉、含玉，都是將玉器置於死者口中隨葬，今以出土報告爲例，早在新石器時代崧澤遺址第二、三期墓葬中，即分別於三位死者口中，各發現口琀 1 件，有扁平圓形、璧形、雞心形等；同時，崧澤遺址還出土有籼、粳稻遺存及果核等，〔註 26〕說明新石器時代以口琀、穀物隨葬的習俗。另外，甘肅靈台縣發掘的兩周墓葬中，也發現將玉片敲碎，一件含口中，一件握手內的墓葬習俗。〔註27〕

至於戰國早期曾侯乙墓中，出自墓主口腔和顱腔內的玉琀即多達 21 件（或含耳塞、鼻塞），器形則有牛、羊、豬、狗、鴨、魚等，器小如豆，圓雕而成，這種精雕細琢的玉琀，不同於一般碎玉口琀，充份顯示墓主的身份和地位，

〔註25〕 見考古研究所西安、半坡工作隊，〈西安半坡遺址第二次發掘的主要收穫〉，《考古通訊》，1956 年，期 2，頁 27、28。

〔註26〕 見《崧澤——新石器時代遺址發掘報告》，頁 37 及 129、130，文物出版社，1987 年。

〔註27〕 見《考古》，1976 年，期 1，頁 47。

同時，更值得注意的是，尊貴如曾侯，墓中出土的玉、石質等飾物共 528 件，器類則有：璧、環、玦、璜、琮、方鐲、佩、掛飾、劍、雙面人、管、剛卯、串飾、珠等，除素面玉、石飾物（石質飾物皆素面、磨光），1 件陰刻獸面紋琮及玉佩上少量的鳳、蛇紋飾外，其餘紋飾，則止於穀紋、雲紋、雙龍紋，充份顯示這三種紋飾在戰國早期的普遍性與重要性；其中，雲紋、龍紋紋飾的發展，淵源甚早，唯有穀紋紋飾，是為新興且大量的流行紋飾。且據報告而言：棺內出土植物果核共 508 顆，經鑒定，其品種有菱角、花椒、山茶果殼、蒼耳、山茶籽、杏等，〔註 28〕獨不見米穀，可知穀紋紋飾的適時興起，甚或取代穀物隨葬的習俗而仍存其象徵意義，其間的關係消長，不僅反映時代性、社會性，更見民族文化發展中思想的淵源及演變。

　　另外，經鑒定為戰國早期的信陽兩座楚墓，其 1 號墓遺物豐富豪華，2 號墓則較簡陋、粗糙，且根據墓葬的形制和遺物分析，兩墓墓主的身份，絕非一般庶民，當是和士大夫相似的奴隸主。其中，1 號墓出土銅編鐘 13 枚，精緻華麗，所鑄乳丁除 1－119 號鐘較為繁複外，其餘皆作旋轉紋（線圖 88），（按：銅器中並不見穀紋紋飾，然此組編鐘在凸起的乳丁上施以紋飾，只是為求美觀而已，這在戰國青銅器上也常見，如：1978 年河北隨縣擂鼓墩出土的楚王鎛。）而此旋轉紋依附乳丁之形而鑄之，其形制穀紋樣式，並與 119 號鐘成組出現，可知「楚人謂乳穀」之意，並非虛構；且 1 號墓中出土許多豐富的玉器，紋飾作穀紋、雲紋、幾何紋等，而其植物種子遺骸則不見米穀，〔註 29〕可見穀紋有取代穀物隨葬之意。至於 2 號墓的墓主身份、下葬時間及遺物，都遠遜於 1 號墓，出土木質編鐘 13 枚，形制與 1 號墓的銅鐘相類，除較大的四鐘素面無紋飾外（表十七作三鐘），其餘各鐘的外面均有 36 枚乳丁，發掘時，乳丁多半脫落；而玉器也只略見鑲嵌，不見其完整器物；至於其植物種子遺骸，除花椒、果核外，並有小米 1000 餘粒，出於槨頂板縫內，小米的顆粒完好，出土時呈金黃色，後漸變淺黑色，仁腐朽，僅存外殼；〔註 30〕可見 2 號墓雖然因陋就簡，卻仍不忘飾乳丁及以小米隨葬的習俗。

〔註 28〕　見《曾侯乙墓》，頁 401－431、452。
〔註 29〕　見《信陽楚墓》，頁 21－25 及 61－68、121－122，至於 1 號墓植物種子遺骸
　　　　　有：花椒、松塔、柿核、栗子、樹葉、杏核等。
〔註 30〕　見《信陽楚墓》，頁 86－90，116。

　　由這兩座楚墓發現，可知米穀隨葬的習俗與玉器穀紋紋飾發展的密切關係，由米穀隨葬、飯玉，以至於在玉器上琢穀紋取代，甚或將米穀置於槨頂板縫內祈福，其間的演變，以及穀紋紋飾的象徵寓意，自然明確而清晰了！

　　據今傳世或出土玉器來看，琢有穀紋紋飾的戰國時期玉器有：璧、系璧、圭、琮、璜、環、瑗、珮、玦、珩、瓏、玉管、圜璂、盃、羽觴、帶鉤、劍首、珌、璲、玉盒、玉龍、玉琥、鳥首異身佩飾，大型頸飾中的佩件等；尤其是在璧與龍身上出現大量的穀紋紋飾，直到兩漢時期仍常見，其地域分佈，自出土資料顯示：則遍布於山東、山西、河南、河北、湖南、湖北、廣東等地，可見當時穀紋紋飾的流傳及盛行。

　　穀字的蘊意祥瑞，已見前述，而穀紋的源起，則與乳丁紋有密切的關係。前言，《左氏‧莊‧三十》：「鬭穀於菟」杜預注，即明確表示「楚人謂乳曰穀」之意，《左氏‧宣‧四》也有：「楚人謂乳穀，謂虎於菟，故命之曰：鬭穀於菟。」杜注：「穀，奴口切。」《漢書‧敘傳》也作「楚人謂乳穀」之句，同時，《說文通訓定聲》以穀叚借為穀，即為乳子之意。

　　另外，《荀子‧禮論》：「君子以倍叛之心接臧穀，猶且羞之。」唐楊倞注曰：「莊子曰：臧與穀，相與牧羊，音義云：孺子曰穀，或曰：穀讀為鬭穀於菟之穀，穀，乳也，謂哺乳小兒也。」

　　《莊子‧駢拇》則謂：「臧與穀二人相與牧羊而俱亡其羊。」晉郭象注曰：「穀，如字，爾雅云：善也；崔本作穀，云：孺子曰谷。」

　　而阮元《積古齋鐘鼎彝器款識》言至虢叔尊銘：「虢叔作叔殷穀尊朕。」時也曾提及：「穀，尊名，說文解穀字云乳也，左宣四年傳，楚人謂乳穀，穀當為穀，彝器凡作乳形者，義取養人，此尊以穀為名，當必作乳形也。」〔註31〕

　　綜合上述所言，穀作穀字，為乳子之意，奴口切，其源皆本於「楚人謂乳穀」之意。可見，在春秋時代，楚人即謂乳曰穀，乳、穀字可以相通。然而，值得注意的是，戰國時期的莊子、荀子，也作如此解，可見此二字關係的演變。

　　按：莊子為楚國蒙人，繼承楚地之俗謂乳為穀，此為自然；然而，趙國的荀子也引用此說，可見當時「謂乳為穀」的觀念極為普遍，雖然，荀卿年

〔註31〕見叢書集成新編，冊50，頁96。阮元，《積古齋鐘鼎彝器款識》，卷5，頁251，新文豐出版公司，74年。

五十始游學於齊，並三爲祭酒，後遭讒言，適楚，爲蘭陵令，〔註32〕說明荀子也曾客居楚地，當知楚地風俗，然而，以戰國時期，各國往來之頻繁，流通之迅速，「謂乳爲穀」已是約定俗成之語句。穀可以取代乳字，作乳子解，穀紋自也包含乳紋之意，且取代紋飾簡單的乳紋而變化，其意義比乳丁紋飾更爲豐富，發展也更見普遍。

同時，就音韻學而言：

穀字作甲、古祿切，音谷：見《廣韻》、《集韻》、《韻會》、《正韻》。又作乙、居侯切，音菁；見《集韻》。而《左氏‧宣‧四》傳則作奴口切。丙、胡木切，音斛；見《經典釋名》，是爲古楚地名。

穀字作甲、居侯切，音遘：見《唐韻》、《集韻》、《韻會》、〈正韻〉等書，意爲乳也。又作乙、奴豆切，見《玉篇》；乃后切，音耨；見《集韻》，是爲瞀也，謂恂瞀無知識也。

乳字則作而主切，見《廣韻》；又作蘂主切，見《集韻》、《韻會》。

其中，就韻部而言——侯、口、豆、后、主——等韻，俱見於段玉裁古音十七部之第四部；也並見於陳新雄先生據黃季剛古音廿八部析爲卅二部中之侯部第十六；〔註33〕可知在古音韻中，穀、乳二字可以完全通叚，而穀字中的乙類，音菁，作乳之意時，也與穀、乳二字同韻，可以相互叚借，可見其間關係之密切。因此，不僅是春秋時代「楚人謂乳穀」而已，就古音韻學發展言，中原或楚地以外的地區，穀（音菁）字與穀字可以相互叚借，與乳字也韻同意同，可知三者音、義關係發展之緊密，實出同源，而三者之中，又以「穀」字的寓意最爲祥瑞，涵意也最爲豐富雋永，是以象徵美好之意的穀紋興起之後，即盛行而不輟，普遍爲人們所寶愛。

穀紋與乳丁紋，就其紋飾造型而言，穀紋是在乳丁紋上琢線紋爲飾；就其音韻、象徵意義而言，穀紋、乳丁紋實爲一體同源之發展，唯因後世「穀、乳」二字使用愈見歧異，穀紋與乳丁紋也各自區分，有如不同紋飾之演化，是以難窺原貌。

〔註32〕見《史記‧孟子荀卿列傳》，卷74，頁2348，鼎文書局，68年2版。
〔註33〕見陳新雄，《古音學發微》，頁212、959，文史哲出版社，64年。至於穀字，大徐本作古侯切，段注以爲非，見《說文解字詁林》十四下子部，鼎文書局，冊11，頁701。

今日，紋飾學之研究，應就紋飾造型本身之時代性、地域性、社會發展及器物材料本身之侷限性、特殊性，做深入地探討，並整體歸納，始能真正明白紋飾造型的確切意義及其所反映的歷史價值。

穀紋春秋戰國之際大量見之於玉器，而不見於青銅器物；乳丁紋，則源自二里頭文化，盛行於商周時期銅器上。以此二者紋飾關係之密切，無論就造型、音韻、象徵寓意等都頗為類似，然而，卻分別在不同的器物上各見風采，這明確地表示紋飾本身與器物材質間特殊的意義和關係，是不可任意為其他紋飾、材質所取代；而此二紋飾有時代性前後接續之演化，相互消長且又彼此影響，其重要性、同源而生之意義，自然不言可喻了！

（〈穀紋、乳丁紋飾同源異名考〉一文，刊載於《故宮學術季刊》第九卷第一期，1991 年 10 月）

三、穀紋紋飾研究

穀紋紋飾的淵源、蘊意，已如前述，而其分布只見於玉器，並興起於戰國時期，而延至秦漢，成為戰國時期紋飾的主流，其重要性及特異性，不可不令人刮目相看。今就其紋飾的變化及作用，略作整理如下：

◎ 曾侯乙墓出土的一對玉方鐲（或名「矮體琮」），相鄰出自墓主腰間，作圓角方形，內孔不甚圓，四壁雕刻穀紋（線圖 72），其穀紋芽尖處有拉長反折如 S 形者；這樣的穀紋形式，也同樣可見於墓中出土的穀紋環（線圖 89），並等距分布於玉環外緣四等分處，其內緣則為由兩個穀紋所相對合成如雲紋的紋飾，也分布於四等分處，再由拖尾粗芽而不反折的穀紋，在內外緣處，將每一四等分又區分為三，使整個玉環因長芽穀紋的分配，而將玉環畫分為十二區域，而後填以一般的穀紋，可見這種「長芽穀紋」的特殊形式，可作為雕刻穀紋紋飾空間的依據；這樣的表現方式，和本章第一節——玉器的琢治過程，其步驟和方法完全符合，而雕琢手法，也同樣可見於墓中出土的穀紋璜（線圖 90）其紋飾雖左右對稱工整，卻仍然不是呆板的排列，而「長芽穀紋」約位於璜上下緣三分之一處；另外，墓中最大的一件穀紋璧（線圖 91），〔註34〕也是如此，只是，區域畫分卻不如前者嚴謹精密，這或許與面積較大（直徑 12.7、孔徑 5.3 厘米），也有相當的關聯。

〔註34〕見《曾侯乙墓》，頁 402－414。

◎ 同屬於戰國早期的信陽楚墓，出土的穀紋玉璜（圖87），〔註35〕其穀紋形制飽滿，芽尖短小，並無特殊處，然而，就其雕刻的痕跡，穀紋的排列，似乎是在三條線交叉所呈現的六角形內刻治，並且排列緊密，使紋飾呈現整齊的「人」字形，並與扇形橫狀形制的舖展相互呼應，的確是頗見心思。

◎ 輝縣戰國墓出土的玉龍（線圖92），〔註36〕其上的穀紋紋飾，排列並不整齊，芽尖或長或短，並隨著形制或空間而隨意方折或扭轉，也表現多變活潑的形式。

◎ 至於戰國晚期，長豐楚墓出土的玉璧（線圖93），〔註37〕穀紋芽尖短小，紋飾排列緊密而整齊，正是戰國晚期風格的代表。

大致說來，穀紋的變化較爲單純，其於雕刻技法、紋飾本身的變化，則大約可分述如下：

1. 技法上

有陽刻（半浮雕）、陰刻兩種。一般常見的穀紋，是以陽刻的手法，在半球狀凸起的表面上琢短線爲飾，這一類的穀紋大多渾圓飽滿，芽尖短小而露鋒，如圖87的形式；至於第二類的穀紋，也是陽刻，但是，雕琢時卻是將穀實、穀芽兩緣修整，使穀芽較長，並呈回轉狀，這樣的穀紋，其穀實（半球狀）較小，穀芽則有屈伸之意，較可變化，如線圖89的長芽穀紋；另外，陰刻的穀紋如線圖93，芽尖大多短小尖細，盤附於穀實上，仍然不脫穀紋之意。

2. 紋飾的形式

穀紋的變化，大多著眼於穀實、穀芽之間的關係，穀實有大小之分，穀芽則有屈曲變化之意，除了短芽穀紋是爲標準形式，不在討論之列，其餘穀芽的變化則分述如下：

（1）長芽伸展

如線圖89的穀紋，芽尖伸長並粗壯，形式特殊，有作爲畫分空間目的的符號用。

〔註35〕見《信陽楚墓》，頁61。
〔註36〕見那志良，《中國古玉圖釋》，頁429，南天書局，1990年。
〔註37〕見楊鳩霞，〈長豐戰國晚期楚墓〉，《文物研究》，期4，頁92，黃山書社，1988年。

（2）長芽反折

如線圖 89、91 的穀紋，是在長芽伸展之餘，於反向連接一粗短的線條，有如 S 形狀，其作用也當是區域畫分的符號用。

（3）長芽屈曲

如線圖 92 的穀紋，在刻治時，順著形制的邊緣或空間的調和，以至穀芽有長短，甚或出現方折或多角的穀芽線條。

（4）穀芽相連

如線圖 89、91，大多是穀芽相連，穀實相對，並呈平行狀或直角狀。

3. 紋飾的排列

早期的穀紋排列，並不刻意工整，大小、方向、長短，似無一定規則，然而，就曾侯乙墓出土的玉器而言，雖不求工，卻仍然有一定的雕琢步驟、過程和方法，因此，紋飾排列初看雖不經意，似無章法，然而，卻是胸有成竹，毫不呆板；而信陽楚墓中的穀紋排列，初看也並不整齊，如圖 87 的穀紋璜，左右並不對稱，上、下側及左右兩端的穀紋數及位置，並不相當，且有半個紋飾出現，似乎並無刻意安排，然而，若將璜的角度略作傾斜，則可明顯發現如蒲紋狀的界格，使紋飾排列有如「人」字形，這是戰國早期，穀紋紋飾的排列，看似自由活潑，卻是匠心獨運，頗有章法，這和戰國晚期一目瞭然，整齊畫一的表現方式（線圖 93），有很大的不同。

另外，曾侯乙墓的穀紋橫（線圖 90），紋飾左右對稱，方向工整，在璜的兩端，上、下、兩側並各有缺口，形制有如雙龍首，這樣的表現方式在雲紋紋飾中也常見，應可視為以穀紋為飾的「雙龍首璜」才是。

穀紋紋飾不僅興起於戰國之初，更盛行於戰國時期，成為玉器上所特有的專屬紋飾，並延續至漢朝，前後所流佈的時間、空間，也不能算是很短暫而狹隘，因此，其重要性及特異性就格外令人注目；同時，玉器上的植物紋飾，除了穀紋之外，幾乎不見其他式樣紋飾為飾（雖然，植物紋飾在陶器、銅器上仍然大量出現），這也說明了穀紋紋飾特殊的意義與作用，以及和玉器發展之間重要的關係。於是，作為藝術研究，一粒小小的穀紋，在歷史發展的洪流中，自然孕育了強烈的生命力，為歷史留下有力的見證並綻放光芒了。

第四節　幾何紋飾

幾何紋飾的來源，大約可分爲兩種類型。

第一類型是純粹線條的刻畫，如：橫、豎、斜線所構成的弦紋、直（線）紋、斜（線）紋或扭絲紋、圓圈紋，以及二線交叉的人字紋、席紋、網紋、菱形紋，三線交疊刻畫的六邊形紋（蒲紋），三角形紋等，這些純粹由線條所構成的幾何圖形，本身並無太大的意義與象徵，只是取其美觀並賦予變化，作爲裝飾的作用而已！同時，這些紋飾，也常常出現在其他器物上，且大多不是在重要的位置（純幾何形紋飾作爲主紋的，在比例上仍是少數，玉器上更是如此），再加上這些紋飾大多可以望紋知形，不易產生錯誤或偏差，因此，不在本文研討範圍之內。

至於本文所要研討的第二類型幾何紋飾，則是指模擬天象或自然景物所構成的抽象紋飾，這些紋飾在抽象、簡約的符號中，仍帶有具象之美，並可溯其淵源，明白紋飾本身所具有的意義與象徵，從而瞭解紋飾所反映出的時代背景與社會習俗。

自然現象中，人們最常見的，就是日、月、星辰、風、雲、雨、露、打雷、閃電等等，而其中，除了風、露較不易藉圖象表達外，其餘，都可以輕易而具體地用圖象顯示，並藉此傳遞其中所蘊涵的訊息，因此，無論人們的渴望是祝禱或祈福，象徵威武或恫嚇，都能藉著圖象的表達而紓解心志，得到慰藉。尤其在遠古時代，人們所最祈望的，就是雨水的滋潤，這樣的祈望，可以殷商時期甲骨文字中，貞人一再卜問「其雨」一事，而得到印證；另外，雷電的自然現象，也是人們所感到恐懼害怕的，因爲，雷電不僅可以傷人，而且，氣勢令人震撼而又無法抗拒，同時，在驚雷走電之餘，往往伴隨的是傾盆大雨，因此，以雷電的形象（古文中，雷、電二字近似，作�、𨑹）和聲音（雷聲回回）所模擬的圖象ㄥ或回，稱爲雷紋或回紋的，正是淵源於自然現象的模倣而演變成裝飾性的紋飾，同時，雷紋又常與獸面紋飾同時出現，或作爲獸面紋飾的「地」，與猙獰、威嚇、剛強的氣勢與造型，也搭配合宜，互爲彰顯，因此，雷紋（回紋）紋飾的產生，並非毫無意義，其形狀呈曲折回轉，或略作弧形狀，也並不減損其爲雷紋圖形的象徵和寓意，是與第一類型幾何紋飾不同之處。

至於前言人們對「其雨」一事的重視，則可從石器時代陶器上「渦狀紋飾」的大量出現得到印證，以「雨」之形狀，表達不易貼切，容易混淆，而

且形式單調，難以悅目，倒不如以雨落水面，形成水渦（直接表達「雨」之意念），或以雲起將雨的象徵手法（間接表達對「雨」之渴望），來表示人們對「雨」的期盼，是以如水渦形狀的「渦紋」，以及描繪浮雲舒卷的「雲紋」，都是和「雨」有關的圖象表達；表現手法雖然有異，然而，在圓轉的形式中，不僅顯示了人們對雨水的渴望，也說明了人們在洪荒時代，對宇宙自然的敬畏和祈求。至於日月星辰，雖也有圖象模倣，然而，因爲運轉有常，對人們的影響和作用並不大，是以難以蔚爲主流，受人重視。

器物紋飾的刻畫，不僅只是爲了美觀而已（第一類型幾何紋飾的作用），更進一步是爲了表達人們的思想和主題（第二類型幾何紋飾的目的），這是我們在研究紋飾時，所應持有的態度和觀念，也是不可忽視的首要目標。

石器時代陶器上流動旋轉的渦紋，商、周青銅器上嚴整精飭的雷紋，以至戰國時期玉器上變化多樣的雲紋，其所蘊涵的寓意，頗有類似之處，並都表示了人們對自然的敬畏和祈福之心，至於紋飾所表現出的形狀，也都有回轉象形之意，說明這三種紋飾的發展，有其必然的相關性，以及不可分割的淵源和脈絡可尋。

至於戰國時期，玉器上幾何紋飾的發展，以雲紋（或稱雲雷紋）爲主流，其所反映出的時代意識與社會思想，在動盪不安，急遽變遷的大環境下，更爲凸顯。現就其紋飾演變，以及與雷紋、渦紋紋飾的關係和異同，一并介紹如后。

一、雲紋紋飾

雲紋紋飾在戰國時期極爲盛行而普遍，這樣的觀點，可以曾侯乙墓出土的玉器爲例說明，曾侯乙墓出土的玉器紋飾有穀紋、雲紋、雙龍紋等，這三種形式（雙龍紋應作形制，而非紋飾），不僅是戰國早期曾侯乙墓玉器形式的大宗，足以彰顯曾侯的身份和地位，同時，這三種形式，也是戰國時期極爲盛行的紋樣，且其淵源各有所本，今就雲紋紋飾的演變及淵源，敘述如下。

（一）雲紋紋飾的淵源

雲紋，顧名思義，當如浮雲舒卷，有模擬自然現象的意旨，其於紋飾中的形制，也有如浮雲回轉之形而生。

《說文》：「雲，山川气也，从雨云，象雲回轉形，凡雲之屬皆从雲，古文省雨。」

《殷墟文字》451 中，甲骨文之雲字作 ᔔ；又有作 ᔔ 等，而古文中之雲字則作 ᔔ，都有回轉之意以象雲之變化。《說文部首訂》更謂：「古文云：下象雲回轉形，從二者，借二爲天，以定其形爲雲，與示下說天 ᔔ 象，借二爲天同例。」〔註38〕這樣詳細的說明，且不論其回轉之形 ᔔ、ᔔ、ᔔ 呈圓轉或銳角形狀，都與紋飾中的雲紋相當，可知器物中雲紋紋飾的淵源，當是模倣自然中的現象，並與文字發展——象形之意相互吻合。

仰韶文化、龍山文化中的彩繪，在陶器器面上即有許多回轉流暢的線條，表示古人早已重視或運用這種美麗而多變化的紋飾來裝飾器物，並且廣泛受到喜好而流傳，因此，在新石器時代晚期，良渚文化出土的玉斂葬中，獸面紋飾或神徽的臉部，即可見到以陰刻細密螺旋紋狀的線條爲紋飾，出土報告作——卷雲紋（線圖 71）。〔註39〕這樣的「雲紋」，和甲骨文中的雲字形象比較，不免略嫌繁蕪而失其形，即使和我們一般在器物上所熟知的雲紋比附，也略有差異，更重要的是，其意義與作用和雲紋的關係並不直接，而且，雲紋紋飾的興起和意義，當與雷紋同時或略晚，因此，良渚文化中所稱的「卷雲紋」，其紋飾、意義應屬「渦紋」才是，這樣的紋飾形制，不僅符合時代發展，也與紋飾作用較爲相當。然而，令人重視的是——雲紋回轉的形象和技巧，早在新石器時代晚期玉器的發展上熟練並存在，且影響後代雲紋紋飾的發展。

殷商、西周時期，雲紋紋飾雖不如獸面紋、夔紋是爲紋飾的主流，但是，卻早已運用在陶器（圖 88、89）、銅器（圖 90、91）的器表上，並與雷紋紋飾融合爲雲雷紋，至於玉器方面，也可以殷商時期，殷墟婦好墓所出土的玉人爲例，如：標本 371 衣上飾雲紋（圖 92，線圖 94），標本 372 衣上則有蛇紋和雲紋（圖 93，線圖 95），並都是以雙線陰刻完成，同時，墓中出土的玉治龍、象、虎、熊、牛、狗等玉飾，也都是以雲紋爲飾，〔註40〕並有許多不同的變化，與雷紋有所差異。如圖 94 的玉龍，二雲紋相連曲折，並有如雞心形狀；而圖 95 的玉虎，則是：雲紋相並相連成爲一雙頭式的紋飾，都說明在殷商時期，雲紋在玉器上的發展，已經受到重視，並且技巧熟練，變化多樣；

〔註38〕見《說文解字詁林》，冊 9，第 11 下，頁 808，鼎文書局，民國 64 年。
〔註39〕見浙江省文物考古研究所反山考古隊，〈浙江餘杭反山良渚墓地發掘簡報〉，《文物》，1988 年，期 1，頁 12。
〔註40〕見中國田野考古報告集，考古學專刊丁種第 23 號，《殷墟婦好墓》，頁 151－162。文物出版社，1984 年 2 版。

至於西周時期寶雞強國茹家庄墓地出土的浮雕玉虎（圖96），〔註41〕虎身飾陰線雲紋，簡潔生動，線條流暢，回轉的形狀有如渦紋，也說明雲紋和渦紋之間的關係不可分隔；及至戰國時期，雲紋紋飾仍然繼承前朝的圖象發展，造型日趨穩定而成熟，並成為當時重要的紋飾之一，其重要性自然不可任意忽視了。

（二）戰國時期雲紋紋飾研究

雲紋紋飾的淵源及演變，已如前述，至於戰國時期，其形制更見豐富而成熟，今就出土所見，略述如下：

◎ 浙江省文物管理委員會等所發掘〈紹興306號戰國墓發掘簡報〉有虎1件，長9.5、厚0.2厘米，玉質較佳，呈半透明狀，雙面陰刻勾連雲紋（線圖59）；又有蟬形玉佩6件，方首尖尾，形似蟬，但全身向一側彎曲，結合紋飾，也可認為是側視的龍形佩，紋飾作雙面淺浮雕或陰刻卷雲紋（線圖66）；同時，墓中還出土圭形玉佩4件，長條形，一端稍寬，有縱向貫通的小孔，雙面飾半浮雕卷雲紋，各件長3.6－12.8厘米之間（圖97，線圖96），並可見雲紋紋飾凸出於長條形玉飾之外；另外，墓中出土的還有龍形玉佩2件，雙面浮雕卷雲紋；璜形玉佩2件，單面飾半浮雕卷雲紋（線圖97），其雲紋紋飾大小錯落，左右對稱，或有出現如羽毛狀的細微紋飾，這與墓中出土的銅屋紋飾相當（圖98）；又有瑗1件，面飾半浮雕卷雲紋；小玉瑗5件，除1件素面外，均雙面雕卷雲紋；方形玉飾1件，正面浮雕以卷雲紋為地的饕餮紋（圖99）；長方形玉飾1件，正面陰刻雙線勾連雲紋；玉耳金盤1件，兩耳為玉質，呈圓環形，斷面方正，飾卷雲紋，紋飾並凸出於環形之外。〔註42〕紹興306號墓，根據出土銅器銘文等考證，應是戰國初期墓葬，而墓中出土大量的銅器及玉器，其紋飾多作雲紋、勾連雲紋（銅屋頂上並有S形雲紋），其變化繁多，技法各異，說明在戰國初期，江南地區雲紋紋飾的興盛及流傳，與地域性氣候潮濕多雲，也有相當密切的關聯。

◎ 曾侯乙墓出土的玉器中，也有許多以雲紋紋飾為主題的玉飾。〔註43〕如：

〔註41〕 見盧連城、胡智生，《寶雞強國墓地》，頁350，文物出版社，1988年。
〔註42〕 見浙江省文物管理委員會、浙江省文物考古所、紹興地區文化局、紹興市文管會，〈紹興306號戰國墓發掘簡報〉，《文物》，1984年，期1，頁10－26。
〔註43〕 見《曾侯乙墓》，頁403－430。

雲紋璧——大小共 5 件，兩面雕刻雲紋，其排列多不整齊，紋飾則為兩周至五周，有單個排列，或兩個相對成「雙頭式」，其間並有榖紋補白者。

雲紋玦——4 件，分大小兩對。大的一對（線圖 98），製作精細，兩面雕刻雲紋，內、外緣並陰刻斜線紋，出自墓主左腿（膝）側，可能為左右兩排串飾之一；小的一對（線圖 99），製作較差，單面雕刻雲紋，僅外緣陰刻斜線紋，另一面素面，出自墓主頭部，可能屬耳璫。另有管形玉玦 2 件，屬一對，器面也是雕刻雲紋。

雲紋璜——7 件，分屬三對及一個單件，其紋飾則有單個式、雙頭式、雞心式，技法有陰刻、陽刻、雙線陰刻等（線圖 100－103）。另有金縷玉璜 1 件，作半璧形，紋飾邊緣有凸起處，兩面雕刻雲紋，有單個、雙頭、雞心式外，並有 S 形式雲紋，其紋飾多肥厚圓滿，有如臥蠶錯落，極為別緻（彩圖 32、線圖 104）。

雲紋卷龍佩——3 件，單面雕刻雲紋，另一面平素無紋，除了既有的雲紋式樣外，並有三個雲紋相連如旋轉狀（線圖 105），以及兩個雞心式雲紋相勾連成曲折狀或 S 形（線圖 106），同時，單個雲紋的形狀也有雲尾伸長或彎曲的現象，變化極為豐富。

鳥首形玉佩——器兩面雕刻雲紋，多雙頭式，排列較緊密。

玉帶鉤——7 件，其中 2 件腹部正面雕有雲紋，其餘 5 件均素面（彩圖 11、33）。〔註44〕

雲紋玉管——4 件，分屬一對和兩個單件，器表雕刻雲紋紋飾，間或有陰刻斜線紋。

玉握——2 件，圓柱形，兩端平齊，器身上、下兩段各飾陰刻的雲紋，並間飾陰刻弦紋和斜線紋。

玉片——共 21 件。其中有 6 件出自墓主的腰腹及其兩側，製作精緻，單面陰刻雲紋，另一面平素無紋（圖 38，線圖 39）。線條收尾多尖圓，而非呈圓點狀。

玉梳——1 件，梳背雙面陰刻雲紋和斜線紋（彩圖 4，線圖 7）。其紋飾並左右對稱，以流暢圓轉的線條表現繁華富麗的美感。

〔註44〕　見《曾侯乙墓》，頁 399，作「渦紋」；《中國美術全集・玉器》作「雲紋」，證之圖版，應以雲紋為佳。

　　另外，玉劍上的「格」，單面透雕雲紋；十六節龍鳳玉掛飾中的璧、環，也滿佈穀紋、雲紋、斜線紋等；圓雕龍形佩的額部也雕刻雲紋，其餘則素面，都說明雲紋紋飾的大量運用及社會習尚。

◎ 山西長治分水嶺 126 號墓發掘中，有玉佩飾 1 件（圖 100），玉琮 3 件，玉柱 1 件，金鑲玉飾棒鎚 1 件，所鑲青玉鎚上都雕刻有雲紋，〔註45〕並呈相互勾連狀。

◎ 山西省潞城縣潞河戰國墓中出土的玉器，除了無紋飾者除外，全都雕刻雲紋為飾。計有：瓏──6 件，佩──1 件，璜──13 件，形制相同，周邊刻方齒，其中 6 件兩面飾卷雲紋（圖 101），其餘無紋飾；棒──1 件，分七節，每節刻一組雲紋（圖 102，線圖 107）；矮圓柱──2 件，表面分飾二組卷雲紋及雲渦紋（圖 103，線圖 108）；方玉片──110 片，分兩種，均有兩孔，其中 22 片較厚，四周作鋸齒形，上刻雲紋，餘無紋；琮──2 件，四面均刻豎槽，飾雲紋；璧──2 件，一為雲紋，一素面；另有長圓形玉片、長方形玉片、笄，各 2 件，管 1 件，則都素面無紋。根據史書所載，潞城縣潞河兩座戰國墓的發掘，應是戰國初期韓國的墓葬，〔註46〕其紋飾在玉器上則只以雲紋為飾，並分單個、雙頭、雞心式，S 形式等，且其紋飾繁複密佈，形制有整齊等距的凹孔，是為韓墓玉器最大的特色，至於是否另有其他寓意，則仍可待考證。

◎ 陝西旬陽戰國楚墓出土玉瑗 1 件，兩面雕雲紋，紋飾精美（圖 104），〔註47〕其特色為有雲尾拖長，收尾渾圓的紋飾，並有圓點補白。

◎ 江西清江戰國墓也有扁條形玉佩飾 1 件，兩面刻雲紋夾有羽紋（線圖 109），與紹興 306 號墓圭形玉佩（線圖 96）紋飾非常近似；又有玉璜 1 件，兩面刻雲紋（線圖 110），〔註48〕與曾侯乙墓雲紋璜（線圖 101）極為近似，不僅紋飾、形制，且上、下、側面都有凹下小孔，雕琢手法如出一轍。

〔註45〕見邊成修，〈山西長治分水嶺 126 號墓發掘報告〉，《文物》，1972 年，期 4，頁 42、43。

〔註46〕見山西省考古研究所、山西省晉東南地區文化局，〈山西省潞城縣潞河戰國墓〉，《文物》，1986 年，期 6，頁 1－19。

〔註47〕見旬陽縣博物館，〈陝西旬陽發現戰國楚墓〉，《文物》，1987 年，期 5，頁 52。

〔註48〕見江西省博物館、清江縣博物館，〈江西清江戰國墓清理簡報〉，《考古》，1977 年，期 5，頁 312。

◎ 安徽壽縣戰國墓出土的長方形玉帶飾 8 件，玉璧 2 件，玉璜 2 件，玉環 4 件，玉管 2 件，玉玭 1 件，均刻有雲紋，且紋飾排列似有一定次序。其出土銅器上銘文並刻有「蔡侯」二字。〔註49〕

◎ 戰國晚期河南淮陽平糧台 16 號楚墓出土的玉器，普遍飾穀紋，其次是卷雲紋，計有：玉璜、方形佩、橢圓形環、玉管、鏡架等，其墓葬與輝縣魏國墓有相似之處，說明戰國晚期楚國的葬俗已受中原的影響。〔註50〕其技法則為線刻或陰刻方式，雲尾則尖細。至於其中的方形玉佩（線圖 111），出於墓主人右腳下，形制、大小、紋飾與曾侯乙墓出土的玉片類似（線圖 39）；而玉璜的紋飾左右對稱，兩端並有凹凸處似龍首，應視為雲紋所構成的雙龍首璜（線圖 112）才是。

◎ 信陽楚墓出土的單龍玉佩（圖 49），雲紋紋飾大多呈單個式出現，然而，雲尾屈曲或下垂，卻往往與邊緣陰線或其他雲紋相連，圓轉的線條，和流暢迴旋的形制，相互呼應；同時，墓中出土的璜形透雕玉佩（圖 105），〔註51〕紋飾左右對稱，並陰刻雲紋，透雕處也是雲紋形制，充份發揮雲紋流暢優雅的造型；這和春秋時期廣西武鳴馬頭元龍坡墓葬中所發掘的玉鏤空雕飾，中間鏤空卷雲紋（線圖 113），〔註52〕也有異曲同工之妙。

◎ 河北平山中山王國墓出土的玉龍（彩圖 34），〔註53〕雲紋的方向雖然不一，而其形式卻已有整齊排列之意，這是戰國中期文物的代表。也說明雲紋紋飾自戰國早期的不規則，大小不一，逐漸整齊排列，以至於戰國晚期、漢朝紋飾的圖案化與形式化，這樣的變化，是形式的僵化，也是一切紋飾演化過程中的必然結果。

◎ 長豐戰國晚期楚墓出土的玉瓶飾（彩圖 35）、青玉鏤空龍鳳佩（彩圖 22），〔註54〕雲紋紋飾呈 T 字形勾連狀，形式整齊。這種整齊的形式，甚或有

〔註49〕 見壽縣古墓清理小組，〈安徽壽縣戰國墓出土的銅器群記略〉，《文物》，1955年，期 8，頁 32－39。

〔註50〕 見河南省文物研究所、淮陽縣文物保管所，〈河南淮陽平糧台 16 號楚墓發掘簡報〉，《文物》，1984 年，期 10，頁 18－27。

〔註51〕 見《信陽楚墓》，頁 61、62。

〔註52〕 見廣西壯族自治區文物工作隊、南寧市文物管理委員會、武鳴縣文物管理所，〈廣西武鳴馬頭元龍坡墓葬發掘簡報〉，《文物》，1988 年，期 12，頁 12。

〔註53〕 見河北省文物管理處，〈河北平山戰國時期中山國墓葬發掘簡報〉，《文物》，1979 年，期 1，頁 9。

〔註54〕 見楊鳩霞，〈長豐戰國晚期楚墓〉，《文物研究》，1988 年，期 4，頁 92。

以斜線畫分作爲界格狀（線圖 114），既是紋飾的一部份，又可作爲空間處理的標準，這樣的手法，影響漢代蒲紋，以及刻畫界格或以界格爲地的雕琢方式；另外，玉龍和玉璜，也多有雲紋爲紋飾，表現戰國晚期的時代風格。

◎ 至於曾侯乙墓中出土的獸面紋玉琮（彩圖 14，線圖 27）及雙龍玉佩（彩圖 36，線圖 115）〔註55〕其紋飾據報告作 S 形紋，陰刻。並有單線、雙線手法交互使用，同時，雙龍玉佩的紋飾，更在陰刻的技巧上有粗、細兩種變化，使紋飾更見細密富麗而精緻，這種圓轉迴旋的 S 形紋，和圖 100、103－a 形式頗爲類似，應可視作雲紋的變體，至於這兩件玉器在紋飾的組合上，也有許多呈 T 字形勾連的意味，而雙龍玉佩的透雕處，也正是 T 字形雲紋的式樣，這是當時正新興的形式，同時，墓中的玉梳紋飾上（彩圖 4，線圖 7），也有明顯的牽帶勾連線條，可知所謂的 S 形紋飾，無論是作爲雲紋的變體，或純粹只是 S 形的紋飾而已！都受到當時主流紋飾——雲紋——的影響，其時代風格及好尚，自然清晰易見了。

綜上所述，雲紋紋飾的發展，在戰國時期極爲盛行而且流傳普遍，其特色並可大致歸納爲以下幾點：

1. 技法上

有陰刻、陽刻（半浮雕）、透雕等。陰刻又有單線和雙線之分，雙線陰刻盛行於殷商，單線陰刻則盛行於西周，這兩種技法至戰國時期漸趨式微，唯有戰國早期曾侯乙墓中的雲紋璜（線圖 103）仍可窺其大要；而單線陰刻則自良渚文化以來即見，至戰國時期，更有細挺勁健如鐵線篆的流暢，也有樸拙渾厚如大篆的堅實，這樣的發展，和當時書法、篆刻線條的運用也相類似，間接說明這是時代風格影響所及，以至在玉器的紋飾表現上也有同樣的表現手法；至於陽刻（半浮雕）的技巧，也可以紹興 306 號墓出土的圭形玉佩（圖 97）及方形玉飾（圖 99）爲代表，不僅紋飾凸起，且更在形制之外，表現豐富的美感造型和趣味；另外，透雕的手法，雖然早可見於陶器、銅器上，而雲紋式樣的透雕，也可見於西周、春秋時期，然而，畢竟爲數不多，且形制、紋飾並不統一，而信陽楚墓出土的璜形透雕玉佩（圖 105），卻是在器表與透雕鏤空處，都以雲紋爲飾，表現整體統一和諧的韻律，更見成熟而精緻，則是前所不及處。

〔註55〕見《曾侯乙墓》，頁 414、417。

2. 形制上

戰國時期，雲紋紋飾的運用非常廣泛，所出現在玉器的形制上也非常普遍，並包括——璧、環、瑗、玦、璜、琮、瓏、棒、管、矮圓柱、劍、珌、梳、笄、握、玉片、帶飾、瓶飾、鏡架、玉飾棒鎚等，而玉佩方面也有——龍形、虎形、卷龍形、鳥首形、蟬形、圭形、璜形、長方形、方形、扁條形等，形制繁多，變化豐富。

同時，戰國時期的雲紋紋飾，表現在器物的形制上，也較過去結合的更為緊密，如：曾侯乙墓出土的雲紋璜（線圖100－102），在璜的兩端（上、下、側）各有不同數目的方形缺口，這些缺口也能配合紋飾的排列而形成相當的間距，使「璜」的形制更有變化，並具地域特色；這樣的表現方式，同樣可見於山西省潞城縣潞河墓出土的玉飾，無論是玉琮（圖22）或玉璜（圖101），都有整齊等距的缺口為飾，並成為形制的一部份，即使是玉棒（圖102）或矮圓柱（圖103），也以弦紋分隔，雕刻出許多不同造型的雲紋式樣，這固然是時代性的風格所至，然而，地域性的差異，更可以幫助我們瞭解當時社會的發展，及不同的習俗。

另外，以雲紋紋飾為地，所組合成的獸面紋（圖99），或由雲紋紋飾所組合成的玉龍形制（線圖112），也都是運用雲紋富於變化的特性，所達到的特殊效果及趣味。

至於紹興306號墓所出土的圭形玉佩（圖97），以紋飾凸出於形制之外，造成擴張凸顯的作用，也使雲紋紋飾的發展，更見其重要性與多樣性。

3. 紋飾上

雲紋紋飾的淵源，已如前述，至於戰國時期，紋飾變化多樣而成熟，可算是集大成的時代，今就其差異處，略作分類如下：

（1）單個式

除了陰刻、陽刻、雙線陰刻雲紋外，更有雲尾伸長（圖104）或成屈曲狀（線圖105），尤其是線圖105的雲紋，長短、角度、曲直，變化極多，最可作為代表，另外，雲紋紋飾的變化又可發現收尾有尖細和渾圓兩種不同的形式；而雲頭的變化則有圓點式（圖104），和線刻的無圓點凸出形狀（圖100）。

（2）雙個式

種類變化最多，如：

a. 雙頭式，是為二者相對並連式樣，戰國時期，為數極多，有雙線陰刻

（線圖 103）、單線陰刻（線圖 98）、半浮雕（線圖 101）、臥蠶形（線圖 104）等。

　　b. 雞心式，兩雲紋相連結，角度呈 90 度或幅度更大者，如線圖 102、104。

　　c. S 形式，兩雲紋相背連結，有如 S 形狀或呈曲折狀，如線圖 108－a，及線圖 106，是由兩個雞心式雲紋相勾連曲折而成。

　　d. 勾連雲紋，是由兩個雲紋呈 T 字形連結，並多以陰線雕刻，前朝較為少見，及至戰國晚期，形式更見整齊而圖案化（彩圖 35），並影響漢朝雲紋式樣。

　　e. 雲紋夾羽毛紋，大多是在雲頭的另一方，有細小紋飾卷翹如鉤，有如羽毛形狀，如線圖 109，更能表現纖麗繁複的美感，當是戰國時期所興起的特殊式樣。

　　（3）三個式

　　呈旋轉狀，如線圖 105，式樣較為少見。

　　以上即是戰國時期雲紋紋飾的大致特色，及其分類。

（三）雲紋紋飾盛行的時代背景

　　雲紋紋飾於商、周時期即見，並常與雷紋融合為雲雷紋，成為器物主紋的裝飾，雖然早已存在，卻不如獸面紋飾重要，及至戰國時期，雲紋紋飾的大量興起，並成為紋飾的主流之一，其發展成熟而多樣，除了紋飾本身所具有豐沛的蘊涵，優美多變的形式外，不可忽視的是，時代背景的影響也很重要。

　　戰國與西漢，是雲紋盛行的時代，也是道家、黃老之說崇尚神仙思想的時期，而神仙之說，則大多居於海上仙山雲霧飄渺處，是令人嚮往的地方，同時，漢朝所盛行流傳的博山爐，在山形的爐中，燃起香煙，有如神仙所居之地，也有類似的意念存在；因此，雲紋在獸面紋飾為主流的商、周時期無法舒展、突出，卻在戰國時期集其大成，蔚為主流，這固然是因為當時思想、制度的解放，造成活潑、自由的創作環境，然而，老莊、神仙之說的盛行，和雲紋紋飾的特色也有許多氣質相近之處，也是不可忽視的因素。如：雲紋紋飾的線條委婉柔曲——有如老子，形式優美流暢——極近莊子，紋飾變幻多樣——可比神仙。因此，雲紋紋飾的發展，雖不必定與老莊、神仙之說有所關聯，然而，雲紋本身的屈曲多變，生動流暢，再加上戰國時期老莊、神仙思想的推波助瀾，卻足可使雲紋紋飾的發展達至顛峰，並極盡變化之能事，成為戰國時期紋飾發展的主流。

　　戰國時期思想解放，諸子百家，九流之說，各家學派紛乘並起，隨意充斥，而其中，又以儒、墨、道、法是爲「顯學」，最受重視，至於其間所蘊涵的美學思想，則分別反映在前後不同的階段，如：崇尚禮樂制度的西周，是以儒家美學爲根本；而墨家所主張的「節用」、「非樂」等觀念，則根本否定「美」的意義與作用，對時代的美學影響不大；至於法家的嚴刑峻法，則充份反映在秦始皇兵馬俑一絲不苟，嚴謹寫實的製作態度上；唯有道家思想「陰柔婉曲，無爲而無不爲」的美學觀念，加上神仙之說的活動跳脫，奇譎幻化，終於引發戰國時期求新、求變的藝術思潮，將戰國時期的藝術創作推昇至燦爛的顛峰。而雲紋紋飾的興起，也正是在這樣的時代背景下，得以流傳而不輟了！

二、雷紋紋飾

　　幾何紋飾中，除了雲紋是爲大宗外，雷紋（或稱雲雷紋，雲、雷紋飾二者常合用）、渦紋，不僅造型與雲紋類似，並且，在不同的書籍中時常混用，或有命名不統一的情形發生，甚至將一切圓形旋轉的線條都稱爲渦紋或渦雲紋，這種混亂的現象，實應予以修正，現就資料所見，略作說明如下。

　　雷紋，應是模倣自然之形，象打雷時之情狀。

　　《說文》所謂：「雷，陰陽薄動，靁雨生物者也，从雨晶，象回轉形。」而古文靁字作𤴐、𩃬，可知古人以。、田、回等符號代表打雷的意思，其中，又以回之造型，常見於器物上作爲紋飾之用，一般稱爲回紋（按：回回，雷聲也）或雷紋，又因爲有回轉之形，與雲紋類似，所以又有稱爲雲雷紋者。

　　雷紋，盛行於商、周陶器、銅器上，並多呈連續式幾何圖形（圖88、89、106－108），按其本意，雷字作回（左旋），雲字作𣄼（右旋），二者本不相同，然而，由於都有回轉之意，甚或有 S 形狀相背並連的紋飾出現（圖90），以致雲、雷不分，甚或統稱爲雲雷紋以概括的現象；同時，在甲骨文中𠃟、𠃑都是雲字，左右可以互換位置，這也是殷商文字中常見的現象，因此，雲、雷紋的右旋或左旋，也並不是如此嚴格畫分，只是，商、周時期的雷紋，可以明顯看出有回（回字）之意，線條也多爲曲折回繞較方硬之形，然而，雷紋至戰國時期則漸趨式微，尤其是玉器上純以雷紋爲飾的更是少見，另就出土報告所及，山西長治分水嶺戰國墓第二次發掘報告中，有面飾雷紋的玉龍

佩，〔註56〕以圖版模糊，難以辨認；河南固始侯古堆也有回形紋玉璧的記載，而不見圖版，〔註57〕其餘則少見。

雷紋大量地出現於青銅器上，並與獸面紋飾結合，或作爲主紋的「地」，然而，卻少見於玉器上，其中原委，固然是由於雷紋的圖象、意義，與獸面紋飾猙獰剛強的造型較爲配合，然而，紋飾與材質間的緊密關係，才是不可忽視的主要因素，因爲，在玉器中也有象徵權勢的獸面紋飾——神徽，但是，卻少見與雷紋紋飾組合，至多以雲雷紋的面貌出現，可見其間巧妙。

紋飾與材質間的關係緊密，並有相當程度的搭配，這樣的觀點，也可見於紋飾中乳丁紋和穀紋的關係，並再次證明紋飾所具有的象徵寓意及個別屬性。因此，雲紋和雷紋，無論是淵源於自然現象，或文字結構，以至於紋飾本身的意義和造型，都有許多類似之處，甚至到難以分辨的地步，然而，嚴整的雷紋，仍然依附於剛硬的青銅而發展，至於流動委婉的雲紋，則在凝結溫潤的玉器上大放光采，其中所蘊涵氣息相通，文（紋飾）質（本質）彬彬的諧調統一，就不是「巧合」一詞所可概括的了。

三、渦紋紋飾

渦紋，也當是模倣自然之形而生，如水紋渦旋狀。因爲也具有回轉之意，形狀與雲紋也頗爲類似，因此，常有混用或合稱渦紋、渦雲紋的現象。

石器時代的彩陶紋飾上，即已出現許多旋轉流動，氣勢強勁的渦狀紋飾，及至商、周時期的陶器、銅器上（圖108－110），渦紋卻已日趨式微，只是在銅器的爵「柱」頂上，或是「乳丁」表面，仍可見到4個或5個迴旋的渦紋，形式簡單，而且位置並不重要。至於玉器上，渦紋最常出現的部位就是劍首（線圖116），在圓形的器表上呈現流動圓轉的造型，和器形相互呼應，也非常別緻，而渦紋大致是由3個到5個旋轉的紋飾構成，並大都爲陰線雕刻或呈半浮雕狀，又有與雲紋相連而變化趣味的。

戰國時期玉器上的渦紋紋飾大多較小且位置並不顯著，只是作爲陪襯、點綴而已！且置於此，聊備一格。

〔註56〕見山西省文物管理委員會、山西省考古研究所，〈山西長治分水嶺戰國墓第二次發掘〉，《考古》，1964年，期3，頁133。

〔註57〕見固始侯古堆1號墓發掘組，〈河南固始侯古堆1號墓發掘簡報〉，《文物》，1981年，期1，頁6。

第五章　結　論

　　器物的發展，與時代性、地域性的特色，有密切的關聯，已是不可否認的事實。

　　本書的研究，就玉器的形制與紋飾，其意義、作用及演變，已大致條理如前。尤其是紋飾發展與器物材質、作用、形制、以及社會演變，都有密切的關係，這在第四章中，談及動物紋飾——獸面、神徽的權勢象徵，至戰國則反映王室衰微而迅速消逝，以及植物紋飾——穀紋的象徵寓意，並且始於春秋戰國之際的玉器上，而不見於其他材質器物，最可作爲代表，而幾何紋飾中的雲紋、雷紋、渦紋，其紋飾形狀、意義都很類似，並可相互混用，也說明紋飾和社會發展間的相互關係，是當時思想的反映和潮流。

　　而玉器的形制，也是如此，從禮器的式微，獸面紋飾的消逝，以至戰國時期王室不振，禮壞樂崩，制度潰散，個人思想學說隨意充斥，經濟自由，商業發達，都在在促使著玉器的形制求新、求變，生動活潑，因此，「龍」的形制更爲矯健流暢，反映在璜、玦、璧、佩的形制上，也更能表現「龍」（或龍首）的時代精神，而形制與紋飾的融合，尤其是在璜、管、琮等邊緣形制的缺口，不僅在形制和紋飾的配合，有巧妙的組成，或者，紋飾更凸出在形制之外，表現特殊的趣味，都是匠人用心的巧思，這其中的大同小異，應視爲地域性特色的反映。

　　然而，由於戰國時期交通頻繁，玉器的流通饋贈，也極爲平常，因此，如何釐清其間的差異，則仍有待更多的考古發現，和青銅、陶瓷的印證，這其中，最明顯的代表，就是楚龍的形制最爲與眾不同，上唇長，下唇短，而且通身連成一器，極易辨識，這種地域性的風格明顯，應是社會發展，工藝

技術及觀點的反映，至於其他地區的特色，並非如此彰顯，因此，如何樹立玉器發展本身既有的系統及風格，則是玉器研究仍可深入的重點。

　　戰國時期，社會局勢的動盪，卻反而更凸顯創作風氣的自由，與思想上的特立獨行，這是一個秩序重整的過渡時期，也是由過去殷商敬鬼神的宗教時期，西周重國君、制度的宗法時期，轉變爲「平民與政」的個人時代，這是一個眞正以「人」爲本位的時代，任何個人或國家的興起，都結合濃厚的人文思想與精神，這種自由的風氣，是哲學和藝術發展的原動力，也是將玉器推展至燦爛的顚峰，並成爲集大成的時代，因此，戰國時期，雖然戰亂頻仍，思想紛歧，然而，對於戰國時期的社會結構，文化背景，作條理的分析，則更能幫助我們瞭解玉器的發展，而考古的發現，也可補充文獻的不足，並相互印證，匡正誤謬，使戰國時期玉器風格的輪廓，更爲清晰可見，這是藝術研究的重要課題，也是藝術史作爲人文學科的獨立精神。

　　戰國時期的玉器，燦爛而又輝煌，不禁令人再三稱羨而又翹首仰望，然而，歷史，畢竟是過去了。中國，是世界上使用玉器最早而且最爲著名的國家，沈醉在祖先光榮的傳統和文化中，不禁自問：中國玉器未來的發展，又在那裡呢？

參考書目

一、叢書

1. 《四部叢刊正編》，台灣商務印書館，68 年 11 月台一版。

《毛詩》，漢鄭玄箋。

《尚書》，漢孔安國傳，唐陸德明釋文。

《周易》，晉王弼注。

《周禮》，漢鄭玄注。

《儀禮》，漢鄭玄注。

《禮記》，漢鄭玄注。

《春秋經傳集解》，晉杜預注。

《春秋公羊解詁》，漢何休學。

《國語》，吳韋昭解。

《楚辭》。

《論語》，魏何晏集解。

《孟子》，漢趙岐注。

《荀子》，唐楊倞注。

《爾雅》，晉郭璞注。

《孔叢子》，秦孔鮒著。

《老子》，河上公章句。

《南華真經》，晉郭象註，唐陸德明音義。

《抱朴子》，晉葛洪著。

《墨子》。

《韓非子》，戰國韓非撰。

《管子》，唐房玄齡註。

《尹文子》。

《呂氏春秋》，漢高誘訓解。

《戰國策》，宋鮑彪校注，吳師道重校。

《淮南子》，漢許慎記。

《說文解字》，漢許慎著。

《新序》，漢劉向著。

《說苑》，漢劉向著。

2. 《景印文淵閣四庫全書》，台灣商務印書館，75年3月初版。

　《論語》，宋朱熹集注。

　《史記》，漢司馬遷撰，南朝宋裴駰集解，唐司馬貞索隱，張守節正義。

　《漢書》，漢班固撰，唐顏師古注。

　《後漢書》，南朝宋范曄撰，唐李賢注。

　《三國志》，晉陳壽撰，宋裴松之注。

　《資治通鑑》，宋司馬光撰，元胡三省音註。

　《大事紀》，宋呂祖謙撰。

　《戰國策》，漢高誘注，宋姚宏續注。

　《三輔黃圖》，不著撰人。

　《本草綱目》，明李時珍撰。

3. 《十三經注疏》，大化書局。

　《詩經》，漢鄭玄箋，唐孔穎達疏。

　《周禮》，漢鄭玄注，唐賈公彥疏。

　《儀禮》，漢鄭玄注，唐賈公彥疏。

　《禮記》，漢鄭玄注，唐孔穎達正義。

　《左傳》，晉杜預注，唐孔穎達正義。

4. 《叢書集成新編》，新文豐出版公司，74年1月初版。

　《積古齋鐘鼎彝器款識》，清阮元著。

　《漢舊儀》，漢衛宏著。

　《列子》。

5. 《中國美術全集》，錦繡出版社。

　《玉器》，楊伯達主編，1989年2月。

《陶瓷》，楊可揚主編，1989 年 8 月。

《銅器》，李學勤主編，1989 年 4 月。

二、專書

1. 中國田野考古報告集，考古學專刊，丁種第 20 號《滿城漢墓發掘報告》，文物出版社，1980 年 10 月第一版。

2. 中國田野考古報告集，考古學專刊，丁種第 23 號《殷墟婦好墓》，文物出版社，1984 年 4 月二版。

3. 中國田野考古報告集，考古學專刊，丁種第 30 號《信陽楚墓》，文物出版社，1986 年 3 月第一版。

4. 中國田野考古報告集，考古學專刊，丁種第 37 號《曾侯乙墓》，文物出版社，1989 年 7 月第一版。

5. 《崧澤——新石器時代遺址發掘報告》，上海市文物保管委員會，文物出版社，1987 年 9 月第一版。

6. 《寶雞弢國墓地》，盧連成、胡智生，文物出版社，1988 年 10 月第一版。

7. 《南越王墓玉器》，廣州西漢南越王墓博物館，兩木出版社，1991 年 12 月。

8. 《中國古玉圖釋》，那師志良，南天書局，1990 年初版。

9. 《良渚文化玉器》，浙江省文物考古研究所、上海市文物管理委員會、南京博物院編著，文物出版社、兩木出版社，1989 年。

10. 《古玉圖錄初集》，黃濬，廣雅社，1989 年 7 月版。

11. 《中山王國文物展》，東京國立博物館，日本經濟新聞社，1981 年。

12. 《古玉通釋》，那師志良，59 年 8 月初版。

13. 《洛陽金村古墓聚英》，梅原末治，1944 年。

14. 《中國青銅時代》，張光直，聯經出版事業公司，73 年第二次印刷。

15. 《中國青銅器時代》，郭寶鈞，駱駝出版社，76 年 7 月。

16. 《中國青銅器的奧秘》，李學勤，谷風出版社，76 年 9 月。

17. 《中國陶瓷史》，中國硅酸鹽學會主編，文物出版社，1987 年 6 月二版。

18. 《東周與秦代文明》，李學勤，駱駝出版社，1983 年。

19. 《中國手工業商業發展史》，童書業，木鐸出版社，75 年 9 月初版。

20. 《周代城邦》，杜正勝，聯經出版事業公司，74 年第三次印行。

21. 《先秦儒家自由經濟思想》，侯家駒，聯經出版事業公司，74 年第二次印刷。

22. 《先秦法家統制經濟思想》，侯家駒，聯經出版事業公司，74 年。

23. 《春秋戰國史話》，朱淑瑤、徐碩如、錢宗范，木鐸出版社，75 年 9 月初版。

24. 《戰國史》，楊寬，谷風出版社。

25. 《先秦史》，呂思勉，香港太平書局，1980 年 4 月重印。

26. 《楚文化史》，張正明，南天書局，79 年 4 月初版。

27. 《說文解字詁林》，丁福葆，鼎文書局，66 年 3 月初版。

28. 《說文通訓定聲》，朱駿聲，藝文印書館，64 年 3 月三版。

29. 《說文解字注》，許慎著、段玉裁注，蘭臺書局，66 年 10 月五版。

30. 《古音學發微》，陳新雄，文史哲出版社，64 年初版。

31. 《中國藝術史》，Michael Sullivan 著，曾堉、王寶連編譯，南天書局，74 年 10 月初版。

32. Fong Wen, *The Great Bronze Age of China, An Exhibition from the PRC*, The Metropolitan Museum of Art, New York, 1980。

三、期刊

1. 〈安徽壽縣戰國墓出土的銅器群記略〉，壽縣古墓清理小組，《文物》，1955 年，期 8，頁 28－39。

2. 〈山西萬榮縣廟前村的戰國墓〉，楊富斗，《文物》，1958 年，期 12，頁 34－35。

3. 〈古代的貝化〉，鄭家相，《文物》，1959 年，期 3，頁 65－66。

4. 〈關於我國古代貝幣的若干問題〉，朱活，《文物》，1959 年，期 6，頁 72－73。

5. 〈商周時代的幾件玉雕〉，范汝森，《文物》，1959 年，期 7，頁 65。

6. 〈師克盨銘考釋〉，郭沫若，《文物》，1962 年，期 6，頁 9－14。

7. 〈侯馬東周遺址發現晉國朱書文字〉，張頷，《文物》，1966 年，期 2，頁 1－3。

8. 〈侯馬戰國奴隸殉葬墓的發掘──奴隸制度的罪證〉，山西省文物工作委員會寫作小組，《文物》，1972 年，期 1，頁 63－67。

9. 〈侯馬東周盟誓遺址〉，陶正剛、王克林，《文物》，1972 年，期 4，頁 27－37。

10. 〈山西長治分水嶺 126 號墓發掘簡報〉，邊成修，《文物》，1972 年，期 4，頁 38－46。

11. 〈河南新野發現的曾國銅器〉，鄭杰祥，《文物》，1973 年，期 5，頁 14－20。

12. 〈河北定縣 43 號漢墓發掘簡報〉，定縣博物館，《文物》，1973 年，期 11，頁 8－20。

13. 〈長沙子彈庫戰國木槨墓〉，湖南省博物館，《文物》，1974 年，期 2，頁 36－43。

14. 〈定縣 40 號漢墓出土的金縷玉衣〉，河北省博物館文物管理處、中共定縣縣委宣傳部定縣博物館，《文物》，1976 年，期 7，頁 57－59。

15. 〈戰國小兒騎獸玉佩和猛虎食人玉佩〉，石志廉，《文物》，1978 年，期 4，頁 90。

16. 〈河北省平山縣戰國時期中山國墓葬發掘簡報〉，河北省文物管理處，《文物》，1979 年，期 1，頁 1－31。

17. 〈新發現的一方戰國玉璽〉，尤仁德、田鳳嶺，《文物》，1980 年，期 8，頁 17。

18. 〈河南固始侯古堆 1 號墓發掘簡報〉，固始侯古堆 1 號墓發掘組，《文物》，1981 年，期 1，頁 1－8。

19. 〈山東濟陽劉台子西周早期墓發掘簡報〉，德州行署文化局文物組、濟陽縣圖書館，《文物》，1981 年，期 9，頁 18－24。

20. 〈兩周玉雕龍紋的造型與紋飾研究〉，天津市藝術博物館、尤仁德，《文物》，1982 年，期 7，頁 70－75。

21. 〈關於河南出土東周玉器的幾個問題〉，賈峨，《文物》，1983 年，期 4，頁 75－88。

22. 〈彝縣漢墓發掘記要〉，河北省文物研究所，《文物》，1983 年，期 6，頁 45－52。

23. 〈紹興 306 號戰國墓發掘簡報〉，浙江省文物管理委員會、浙江省文物考古所、紹興地區文化局、紹興市文管會，《文物》，1984 年，期 1，頁 10－26。

24. 〈河南淮陽平糧台 16 號楚墓發掘簡報〉，河南省文物研究所、淮陽縣文物保管所，《文物》，1984 年，期 10，頁 18－27。

25. 〈湖北隨州擂鼓墩 2 號墓發掘簡報〉，湖北省博物館、隨州市博物館，《文物》，1985 年，期 1，頁 16－36。

26. 〈洛陽市西工區 212 號東周墓〉，洛陽市文物工作隊，《文物》，1985 年，期 12，頁 21－22。

27. 〈談談我國古代的肖形印〉，石志廉，《文物》，1986 年，期 4，頁 83－86。

28. 〈山西省潞城縣潞河戰國墓〉，山西省考古研究所、山西省晉東南地區文化局，《文物》，1986 年，期 6，頁 1－19。

29. 〈上海青浦福泉山良渚文物墓地〉，上海文物保管委員會，《文物》，1986 年，期 10，頁 1－25。

30. 〈蘇南新石器時代玉器的考古地質學研究〉，中國地質科學院地質研究所、聞廣，《文物》，1986 年，期 10，頁 42－49。

31. 〈陝西旬陽發現戰國楚墓〉，旬陽縣博物館，《文物》，1987 年，期 5，頁 52－54。

32. 〈山東五蓮張家仲崮漢墓〉，濰坊市博物館、五蓮縣圖書館，《文物》，1987 年，期 9，頁 76－83。

33. 〈浙江餘杭反山良渚墓地發掘簡報〉，浙江省文物考古研究所反山考古隊，《文物》，1988 年，期 1，頁 1－31。

34. 〈餘杭瑤山良渚文化祭壇遺址發掘簡報〉，浙江省文物考古研究所，《文物》，1988 年，期 1，頁 32－51。

35. 〈徐州北洞山西漢墓發掘簡報〉，徐州博物館、南京大學歷史系考古專業，《文物》，1988 年，期 2，頁 2－18。

36. 〈廣西武鳴馬頭元龍坡墓葬發掘簡報〉，廣西壯族自治區文物工作隊、南寧市文物管理委員會、武鳴縣文物管理所，《文物》，1988 年，期 12，頁 1－13。

37. 〈廣西武鳴馬頭安等秧山戰國墓群發掘簡報〉，廣西壯族自治區文物工作隊、南寧市文物管理委員會、武鳴縣文物管理所，《文物》，1988 年，期 12，頁 14－22。

38. 〈山西侯馬上馬墓地發掘簡報（1963－1986 年）〉，山西省考古研究所，《文物》，1989 年，期 6，頁 1－21。

39. 〈洛陽西郊漢代居住遺跡〉，郭寶鈞，《考古通訊》，1956 年，期 1，頁 18－26。

40. 〈西安半坡遺址第二次發掘的主要收獲〉，考古研究所西安半坡工作隊，《考古通訊》，1956 年，期 2，頁 23－29。

41. 〈河北平山縣三汲村發現戰國墓〉，康保柱，《考古通訊》，1958 年，期 6，頁 49－50。

42. 〈1958 年春河南安陽市大司空村殷代墓葬發掘簡報〉，河南省文化局文物工作隊，《考古通訊》，1958 年，期 10，頁 51－62。

43. 〈洛陽西郊 1 號戰國墓發掘記〉，考古研究所洛陽發掘隊，《考古》，1959 年，期 12，頁 653－657。

44. 〈陝西岐山、扶風周墓清理記〉，陝西省文物管理委員會，《考古》，1960 年，期 8，頁 8－11。

45. 〈旅順口區后牧城驛戰國墓清理〉，旅順博物館，《考古》，1960 年，期 8，頁 12－17。

46. 〈吉林大安東山頭古墓葬清理〉，吉林省博物館，《考古》，1961 年，期 8，頁 407－410。

47. 〈河北邯鄲百家村戰國墓〉，河北省文化局文物工作隊，《考古》，1962年，期12，頁613－634。

48. 〈山西侯馬上馬村東周墓葬〉，山西省文物管理委員會侯馬工作站，《考古》，1963年，期5，頁229－245。

49. 〈山西長治分水嶺戰國墓第二次發掘〉，山西省文物管理委員會、山西省考古研究所，《考古》，1964年，期3，頁111－137。

50. 〈鄭州市銘功路西側的兩座商代墓〉，鄭州市博物館，《考古》，1965年，期10，頁500－506。

51. 〈山東東平王陵山漢墓清理簡報〉，山東省博物館，《考古》，1966年，期4，頁189－192。

52. 〈河南偃師二里頭遺址三、八區發掘簡報〉，中國科學院考古研究所二里頭工作隊，《考古》，1975年，期5，頁302－309。

53. 〈甘肅靈台縣兩周墓葬〉，甘肅省博物館文物隊、靈台縣文化館，《考古》，1976年，期1，頁39－48。

54. 〈偃師二里頭遺址新發現的銅器和玉器〉，中國科學院考古研究所二里頭工作隊，《考古》，1976年，期4，頁259－263。

55. 〈江西清江戰國墓清理簡報〉，江西省博物館、清江縣博物館，《考古》，1977年，期5，頁310－312。

56. 〈廣西田東發現戰國墓葬〉，廣西壯族自治區文物工作隊，《考古》，1979年，期6，頁492－494。

57. 〈河北邢台南郊西漢墓〉，河北省文物管理處，《考古》，1980年，期5，頁403－405。

58. 〈山東臨沂西漢劉疵墓〉，臨沂地區文物組，《考古》，1980年，期6，頁493－495。

59. 〈昆明上馬村五台山古墓清理簡報〉，雲南省文物工作隊，《考古》，1984年，期3，頁213－221。

60. 〈衡陽市苗圃五馬歸槽茅坪古墓發掘簡報〉，衡陽市博物館，《考古》，1984年，期10，頁880－886。

61. 〈四川涪陵小田溪四座戰國墓〉，四川省文物管理委員會、涪陵地區文化局，《考古》，1985年，期1，頁14－17。

62. 〈長安張家坡西周井叔墓發掘簡報〉，中國社會科學院考古研究所灃西發掘隊，《考古》，1986年，期1，頁22－27。

63. 〈1984年灃西大原村西周墓及發掘簡報〉，中國社會科學院考古研究所灃西發掘隊，《考古》，1986年，期11，頁977－981。

64. 〈洛陽發現隨葬空首布的東周墓葬〉，余扶危、趙振華，《考古》，1987年，期8，頁711－722。

65. 〈山東泰安康家河村戰國墓〉，山東省泰安市文物局，《考古》，1988 年，期 1，頁 43－48。

66. 〈上海青浦縣重固戰國墓〉，上海市文物保管委員會，《考古》，1988 年，期 8，頁 688－693。

67. 〈武漢市漢陽縣熊家嶺楚墓〉，武漢市考古隊、漢陽縣文化館，《考古》，1988 年，期 12，頁 1099－1108。

68. 〈士喪禮、既夕禮中所記載的喪葬制度〉，陳公柔，《考古學報》，1956 年，期 4，頁 67－84。

69. 〈對士喪禮、既夕禮中所記載的喪葬制度幾點意見〉，沈文倬，《考古學報》，1958 年，期 2，頁 29－38。

70. 〈河北定縣北庄漢墓發掘報告〉，河北省文化局文物工作隊，《考古學報》，1964 年，期 2，頁 127－194。

71. 〈長治分水嶺 269、270 號東周墓〉，山西省文物工作委員會晉東南工作組、山西省長治市博物館，《考古學報》，1974 年，期 2，頁 63－86。

72. 〈漢代的玉器——漢代玉器中傳統的延續和變化〉一文及補記，夏鼐，《考古學報》，1983 年，期 2，頁 125－145。

73. 〈長豐戰國晚期楚墓〉，楊鳩霞，《文物研究》期 4，頁 89－98，黃山書社，1988 年 11 月第 1 次印刷。

74. 〈古玉新詮〉，郭寶鈞，《中央研究院歷史語言研究所集刊》，第 20 本下冊，頁 1－46，民國 37 年 12 月初版。

75. Erwin Panofsky "The History of Art as a Humanistic Discipline"，《故宮學術季刊》卷 2，期 4，頁 1－19，王碧華譯，台北故宮博物院出版，民國 74 年夏季號。

彩圖 1　戰國早期，彩繪木俑，信陽楚墓出土

彩圖 2　戰國時期，玉佩飾，洛陽金村韓墓
　　　　出土，美國弗利爾美術館藏

彩圖 3　戰國早期，嵌玉漆几，信陽
　　　　楚墓出土

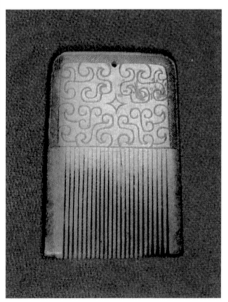

彩圖 4　戰國早期，玉梳，曾侯乙墓
　　　　出土

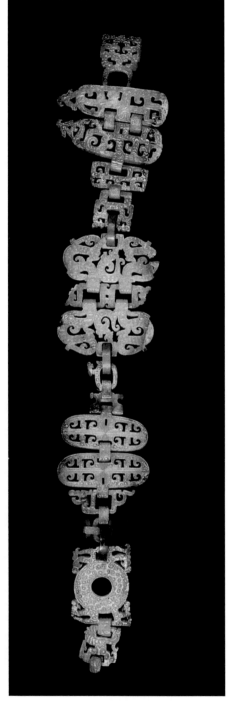

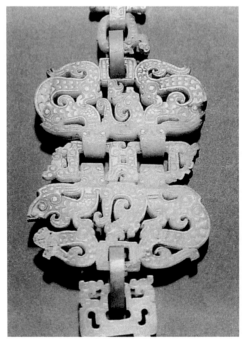

彩圖 5　戰國早期，十六節龍鳳玉掛飾，曾侯乙墓出土，湖北省博物館藏

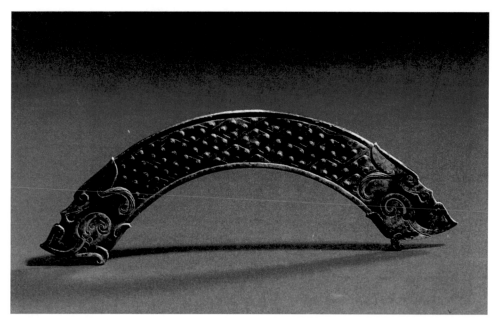

彩圖 6　戰國晚期，雙龍首璜，1977 年安徽長豐楚墓出土，安徽省博物館藏

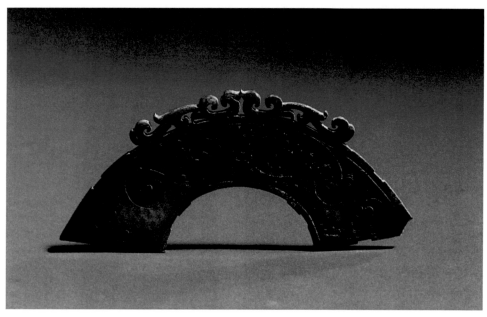

彩圖 7　戰國晚期，玉璜，1977 年安徽長豐楚墓出土，安徽省博物館藏

彩圖 8　戰國時期，大玉璜，河南固圍村出土，形制特殊，雕琢極爲精緻

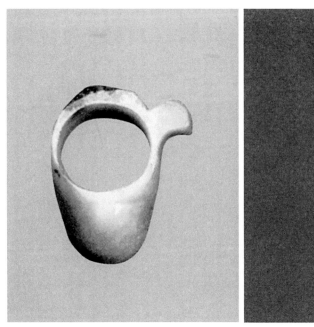

彩圖 9　戰國早期，玉韘，曾侯乙墓出
土

彩圖 10　戰國早期，玉具劍，曾侯乙
墓出土，劍身通體用玉

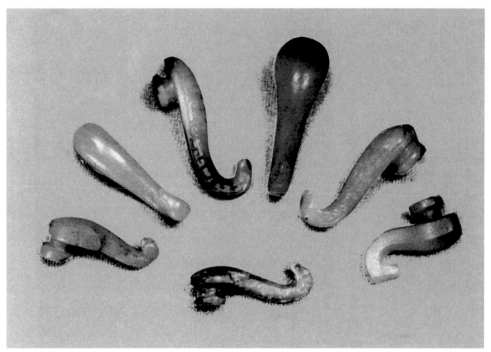

彩圖 11　戰國早期，玉帶鉤，曾侯乙墓出土，湖北省博物館藏

彩圖 12　戰國中期，玉帶鉤，河北平山中山王國陪葬墓出土，河北省文物研究所藏

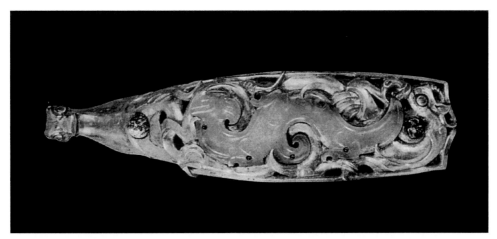

彩圖 13　戰國時期，金質嵌玉帶鉤，美國哈佛大學福格美術館藏

彩圖 14　戰國早期，獸面紋玉琮，曾侯乙墓出土，湖北省博物館藏

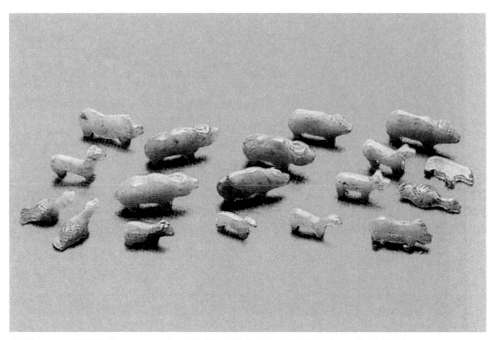

彩圖15　戰國早期，玉口琀，曾侯乙墓出土，器小如豆，雕琢精緻

彩圖16　戰國中期，玉人，1978年河北平山中山王國陪葬墓出土，河北省文物研究所藏

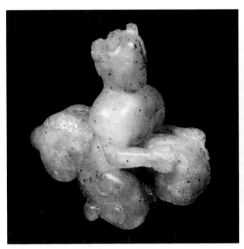 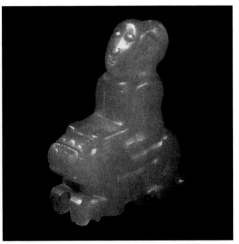

彩圖 17 戰國時期,伏獸玉人,1957　彩圖 18 戰國時期,伏獸玉人,1957
年河南洛陽小屯村出土,中　　　　　年河南洛陽小屯村出土,中
國歷史博物館藏　　　　　　　　　國歷史博物館藏

彩圖 19 戰國晚期,玉佩,安徽長豐楚墓出土,安徽省博物館藏

彩圖 20 戰國早期，穀紋卷龍佩，曾侯乙墓出土，曲身卷尾，回首張口，呈 W 形，
　　　　腹部有一個對向鑽小穿孔，兩面雕刻穀紋

彩圖 21 戰國時期，雙龍雙鳳佩，美國納爾遜美術館藏

彩圖 22　戰國晚期，青玉鏤空龍鳳佩，1977 年安徽長豐楚墓出土，安徽省博物館藏

彩圖 23　戰國晚期，青玉鏤空龍形佩，1977 年安徽長豐楚墓出土，安徽省博物館藏

彩圖 24　戰國早期，四節龍鳳玉佩，曾
　　　　侯乙墓出土，湖北省博物館藏

彩圖 25　戰國中期，三龍蟠環透雕佩，
　　　　1978 年河北平山中山王國陪葬
　　　　墓出土，河北省文物研究所藏

彩圖 26　戰國晚期，三龍形璧，美國堪
　　　　薩斯市藏

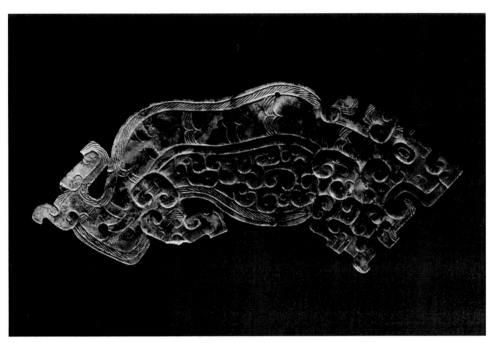

彩圖 27　戰國中期，玉虎形佩，1978 年河北平山中山王國墓出土，河北省文物研
　　　　　究所藏

彩圖 28　戰國時期，玉虎，洛陽金村出土，美國弗利爾美術館藏

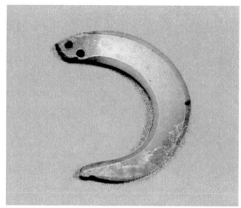

彩圖 29　戰國時期，立雕馬，山東曲阜　彩圖 30　戰國早期，玉魚，曾侯乙墓出
　　　　　魯國故城墓出土，山東省曲阜　　　　　　　土
　　　　　文物管理委員會藏

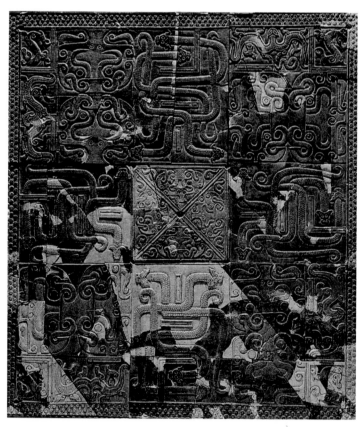

彩圖 31　戰國中期，石板，河北平山中山王國墓出土，石
　　　　　板上有大量線刻雕成的交錯螭紋

彩圖 32　戰國早期，金縷玉璜，曾侯乙　彩圖 33　戰國早期，玉帶鉤，曾侯乙墓
　　　　墓出土　　　　　　　　　　　　　　出土，湖北省博物館藏

彩圖 34　戰國中期，玉龍，河北平山中山王國墓出土，身飾雲紋，並已有整齊
　　　　排列之意

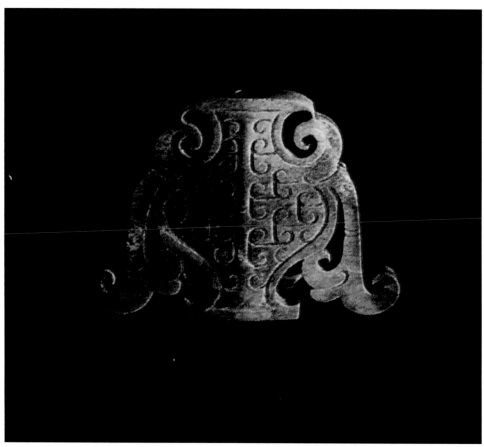

彩圖 35　戰國晚期，玉瓶飾，安徽長豐楚墓出土，紋飾呈 T 字形勾連雲紋狀，是
　　　　爲戰國晚期紋飾風格

彩圖 36　戰國早期，雙龍玉佩，曾侯乙墓出土

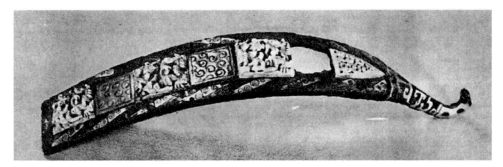

1. Ⅰ式（1-94）正視

2. 側視

3. 細部

圖 1　戰國早期，錯金嵌玉鐵帶鈎，信陽楚墓出土，以不同的金屬鑲嵌穀粒紋方玉，並浮雕金質蟠螭，技巧極高

圖 2　殷商晚期，玉梳，
　　　殷墟婦好墓出土

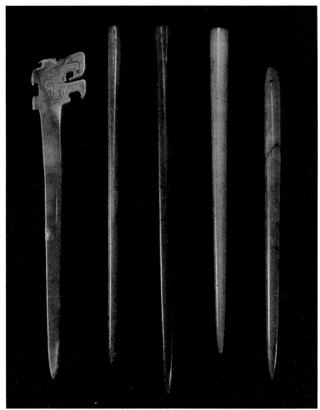

圖 3　殷商晚期，玉笄，
　　　殷墟婦好墓出土

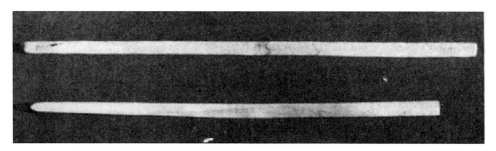

圖4 戰國初期,玉笄,山西潞城縣潞河墓出土

圖6 戰國早期,雙龍玉璧,曾侯
乙墓出土,以透雕的雙龍,
附著於璧的外緣

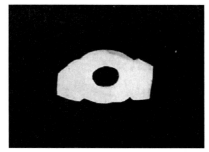

圖5 春秋中期,玉梳、玉簪,河南淅川下 圖7 戰國早期,異形玉璧,曾侯
寺楚墓出土　　　　　　　　　　　乙墓出土,在璧的外緣附雕
飾物

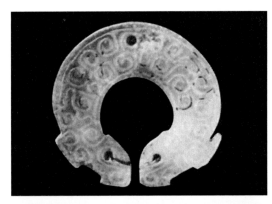

圖 8　戰國中期，玉玦，河北平山
　　　中山王國墓出土，玉玦作夔
　　　龍首，形制極爲特殊

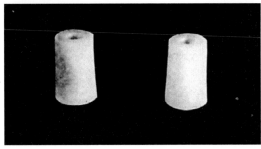

圖 9　戰國早期，玉管，曾侯乙墓
　　　出土

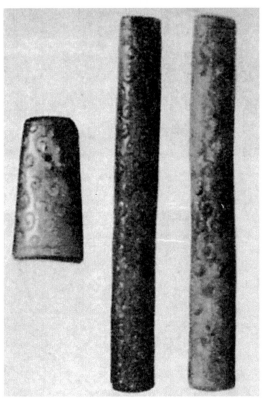

圖 10　戰國早期，玉管，信陽楚墓
　　　　出土

圖 11　良渚文化，玉帶鉤，1982
　　　至1984年上海青浦福泉山
　　　出土

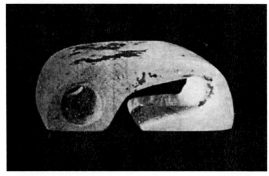

圖 12　良渚文化，玉帶鉤，1986
　　　年浙江餘杭反山出土

圖 13　良渚文化，玉帶鉤，1987
　　　年浙江餘杭瑤山出土

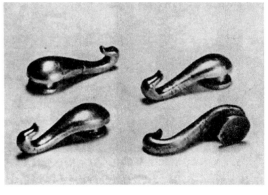

圖 14　戰國早期，金帶鉤，曾侯
　　　乙墓出土

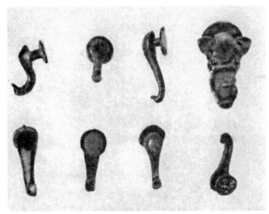

圖 15　戰國早期，銅帶鈎，曾侯
　　　乙墓出土

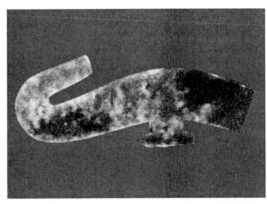

圖 16　戰國早期，玉帶鈎，信陽楚
　　　墓 1 號墓出土

圖 17　戰國時期，鳥頭形玉帶鈎，
　　　河南淮陽平糧台 16 號楚墓
　　　出土

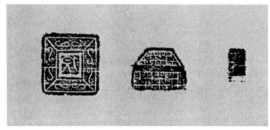

圖 18　戰國時期，玉璽，天津市藝
　　　術博物館藏，璽身四周與覆
　　　斗四周均密刻勾連雲紋

圖 19　戰國時期，玉印，侯馬奴隸
　　　殉葬墓出土

圖 20　戰國時期，肖形印，形如龍
　　　鳳交繞

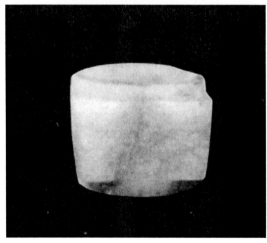

圖 21　戰國早期，素面玉琮，曾
　　　侯乙墓出土，出自墓主右
　　　腿左側

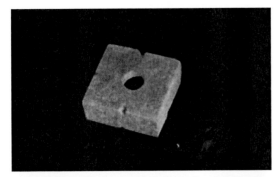

圖 22　戰國時期，玉琮，山西潞城
　　　　縣潞河墓出土，2件，中空，
　　　　四面均刻豎槽，飾雲紋

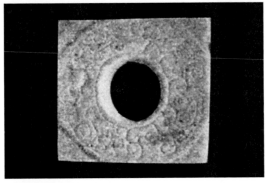

圖 23　戰國時期，雲紋玉琮，山西
　　　　長治分水嶺 126 號墓出
　　　　土，上下磨圓形

圖 24　戰國早期，玉半琮，曾侯乙
　　　　墓出土，射上有透雕物，似
　　　　兩只對首相觝的動物

圖 25　東周時期，盟書、石璜，侯
　　　　馬盟誓遺址出土，在橢圓形
　　　　窖穴底部盱放有兩堆盟書
　　　　和四件石璜

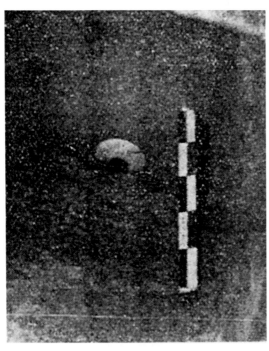

圖26 東周時期，壁龕玉飾，侯馬
盟誓遺址出土，壁龕中都有
1件玉飾或玉器，多者3至
5件

a. 玄圭（坑15）　　b. 大圭（坑122）　　c. 鎮圭（坑276）　　d. 琬圭（坑43）
e. 琰圭（坑269）

圖 27　東周時期，玉圭，侯馬盟誓遺址出土，有尖首、平首形狀，厚度有薄如
紙張者

圖 28 西周時期，葬玉，長安張家
坡井叔墓出土，雕琢如人之
眉、目、口形，一面有紋，
邊上有穿孔

圖 29 東周時期，石片面飾圖，1959
年洛陽中州路西工段出土

圖 30　戰國早期，玉握，曾侯乙墓出土，器呈圓柱形

圖 31　西周早期，青玉鉞，山東濟陽劉台子出土，出於人架口內，兩件形制相同，長 4.4、寬 3.5 厘米

圖 32　西周早期，青玉戈，山東濟陽劉台子出土，出於人架口內，長 6.5、寬 2 厘米

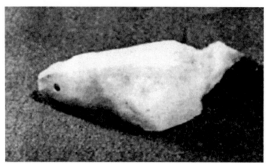

圖 33　戰國早期，玉口塞，曾侯乙墓出土，白色，光澤較好

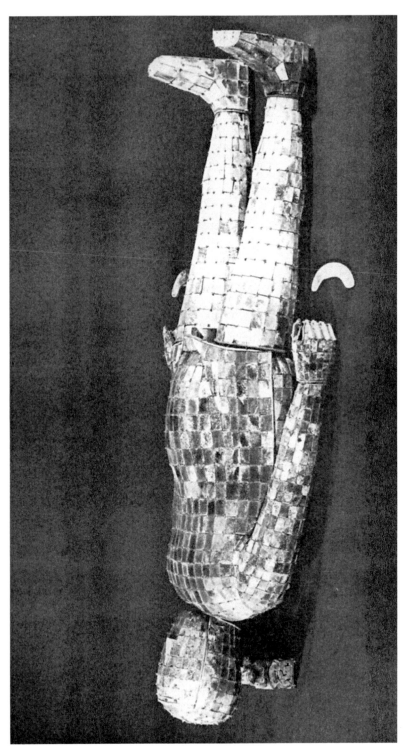

圖34　西漢中期，金縷玉衣，河北滿城中山靖王墓出土

a. 玉套頭部

b. 玉套手部　　　　　　　　　　c. 玉套足部

圖 35　西漢時期，金縷玉衣局部，山東臨沂劉疵墓出土，在骨架處發現由金縷
　　　　玉片所綴成的頭罩（a）；手套（b）；和腳套（c）

圖 36　西漢中期，金縷玉衣內玉　　圖 37　西周時期，玉片，1984 年陝西長安
　　　　璧，河北滿城出土　　　　　　　　　　灃西大原村出土，由數十片小玉片
　　　　　　　　　　　　　　　　　　　　　　組成，分上、下兩層放置，上層玉
　　　　　　　　　　　　　　　　　　　　　　片全長 15.3、寬 3.8－5.8 厘米

圖 38　戰國早期，玉片，曾侯乙墓出土，共 21 片，多分布在墓主上半身，有 2
　　　　至 4 個穿孔，多素面拋光，並有單面刻雲紋，另一面平素無紋者

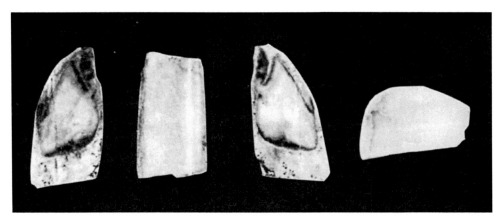

圖 39　戰國早期，玉璞料，曾侯乙墓出土，共 10 件，器形不規則，作扁平的片狀，素面，製作粗糙，與精雕細鏤的玉佩飾同置墓主身上

圖 40　良渚文化，玉斂葬，1982 年江蘇武進寺墩出土，以玉製璧、琮 100 餘件為葬

玉人 W.C.2:9（正面）　　　玉人 W.C.2:9（背面）　　　玉人 W.C.2:9（側面）

圖41　戰國早期，雙面玉人，曾侯乙墓出土，頭頂中心直穿一小孔相通

圖42　戰國早期，雙首龍形玉佩，信陽楚墓出土，透雕，雙龍踡曲狀，通體飾勻
　　　稱纖細的卷雲紋和斜方格紋

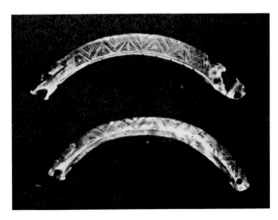

圖43　殷商晚期，玉璜，殷墟婦
　　　好墓出土

圖44　西周早期，玉龍紋璜，1982
　　　年山東省滕縣莊里西村出
　　　土，山東省滕縣博物館藏

圖45　戰國早期，圓雕龍佩，曾侯
　　　乙墓出土，龍首尾相對，卷
　　　曲作玦形，尾作雙叉形尖
　　　狀，除卷首外，還有卷爪

圖46　紅山文化，玉龍，1971年內
　　　蒙古自治區翁牛特旗三星
　　　他拉村遺址出土，內蒙古自
　　　治區翁牛特旗博物館藏

圖 47 戰國早期，素面蟠龍佩，曾
侯乙墓出土，龍體較窄，蟠
卷成螺旋狀的圓形，龍嘴微
張，龍眼為一單向鑽小穿孔

圖 48 殷商晚期，玉龍，殷墟婦好
墓出土，中國社會科學院考
古研究所藏

圖 49 戰國早期，玉龍佩，信陽楚
墓出土

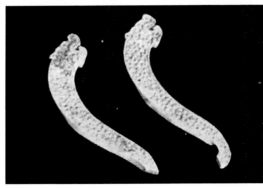

圖 50 戰國初期，玉龍佩，山西省
潞城縣潞河墓出土

圖 51 戰國時期，龍形玉佩，河南
淮陽平糧台 16 號楚墓出土

圖 52　戰國中期，玉龍，河北中山
　　　　王國墓出土，弓身曲首，呈
　　　　S 形狀

圖 53　戰國中期，玉龍，河北平山
　　　　中山王國墓出土

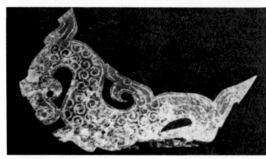

圖 54　戰國時期，龍形佩，四川涪
　　　　陵小田溪出土

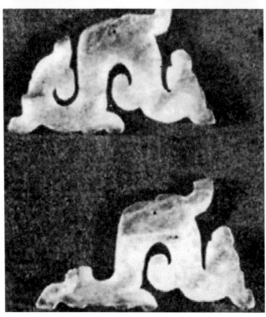

圖 55　戰國早期，素面卷龍佩，曾
　　　　侯乙墓出土，回首卷尾，呈
　　　　W 形，閉口

圖 56　戰國早期，雙龍佩，曾侯乙
　　　墓出土

圖 57　戰國初期，玉虎，浙江紹興
　　　306 號墓出土，雙面陰刻勾
　　　連雲雷紋

圖 58　戰國早期，獸形玉飾，曾侯
　　　乙墓出土，器小而薄，透雕
　　　成一個回首卷尾的獸形

圖 59　戰國早期，鳥首形玉佩，曾
　　　侯乙墓出土

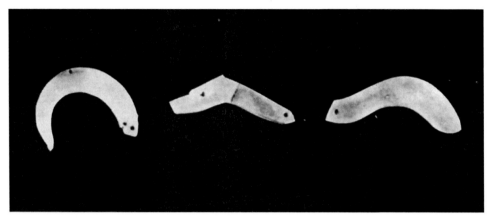

圖 60　戰國早期，玉魚，曾侯乙墓出土

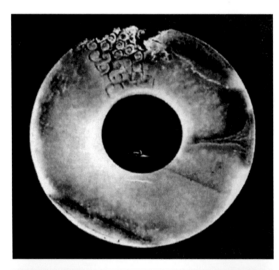

圖 61　戰國早期，穀紋玉璧，曾侯
　　　乙墓出土，單面局部雕刻穀
　　　紋，可知紋飾的雕刻步驟

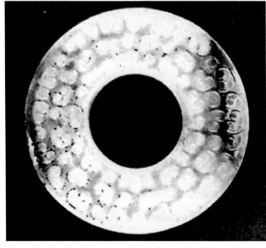

圖 62　戰國早期，雲紋玉璧，曾侯
　　　乙墓出土，此件玉璧紋飾似
　　　有一定的分布規律

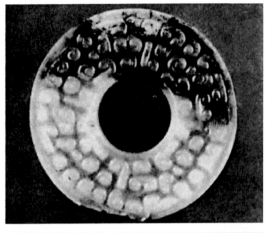

圖 63　戰國早期，穀紋玉璧，曾侯
　　　乙墓出土，玉璧內圈上明顯
　　　發現長尾方平的穀紋，方向
　　　一致，分布勻稱

圖 64　良渚文化，玉鑽形器，上海
　　　青浦縣福泉山出土

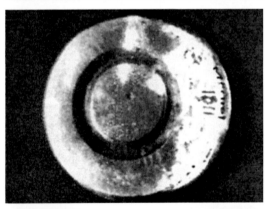

圖 65　殷商晚期，玉環半成品，殷
　　　墟婦好墓出土，一面有管鑽
　　　痕跡，可做為治玉過程參考

圖 66　殷商晚期，玉玦半成品，殷
　　　墟婦好墓出土，一面磨平，
　　　一面刻蟠龍紋，仍未雕出缺
　　　口和脊棱

圖 67　良渚文化，玉琮，浙江餘杭縣反山出土，浙江省文物考古研究所藏

圖 68　良渚文化，玉琮神徽紋飾（特寫），1986 年浙江餘杭縣反山出土，浙江
　　　　省文物考古研究所藏

圖 69　商朝時期，玉獸面紋戈，上海博物館藏

圖 71　戰國早期，玉方鐲，曾侯乙墓
　　　　出土

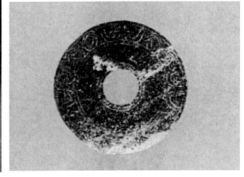

圖 70　殷商晚期，玉斧，殷墟婦好墓
　　　　出土，中國社會科學院考古研
　　　　究所藏

圖 72　戰國晚期，雙尾龍紋玉璧，上
　　　　海青浦縣重固墓出土，正反兩
　　　　面內重陰刻單線圓渦紋，外重
　　　　爲四組雙尾龍紋組一成一圈，
　　　　外緣和內緣繞以弦紋

圖73　殷商晚期，四羊方尊，1938
　　　年湖南寧鄉月山鋪出土，中
　　　國歷史博物館藏，口沿下飾
　　　繁複的蕉葉紋

圖74　殷商晚期，婦好觚，殷墟
　　　婦好墓出土，中國歷史博
　　　物館藏，頸飾爲修長精緻
　　　的蕉葉紋

圖 75 春秋中期，蓮鶴方壺，1923
年河南新鄭李家樓出土，北
平故宮博物院藏，器頂作鏤
空花瓣，為雙層仰蓮式

圖 76 戰國晚期，重金壺，1982 年
江蘇盱眙南窯莊出土，南京
博物院藏，肩腹有鏤空絲網
套，作螭龍糾結狀，上並有
朵朵梅花為飾

圖 77　戰國晚期，錯金銀有流鼎，
　　　　1981 年河南洛陽小屯出
　　　　土，洛陽市文物工作隊藏，
　　　　蓋面及器腹滿飾四瓣花紋

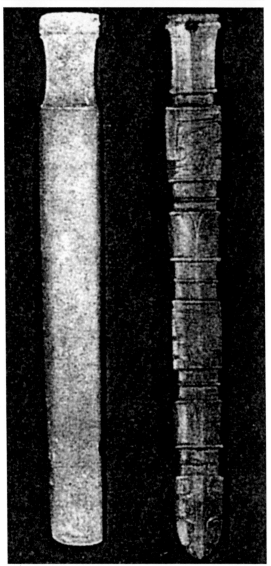

圖 78　二里頭文化，玉柄形飾，河
　　　　南偃師二里頭出土

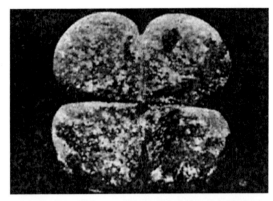

圖 79　商朝時期，柿蒂形飾，河南
　　　鄭州市銘功路西側墓出土

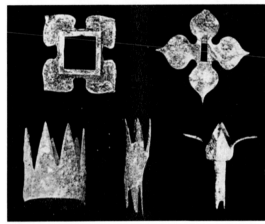

a：四葉銅飾　　b：四葉銅飾
c：七尖銅飾　　d：八尖銅飾
e：花朵形四尖銅飾

圖 80　東漢時期，銅飾，河北定縣
　　　北庄出土

圖 81　西漢時期，玉衣片，河北邢
　　　台出土，上琢柿蒂紋

圖 82　商朝早期，饕餮乳丁紋方
　　　鼎，1974 年河南鄭州張寨
　　　前街出土，中國歷史博物館
　　　藏，腹壁兩旁及下方飾乳丁
　　　紋帶

圖 83　商朝後期，后母辛方鼎，
　　　1976 年殷墟婦好墓出土，
　　　中國歷史博物館藏，腹部
　　　兩側及下方飾乳丁紋帶

圖84　西周早期，甲簋，1927年陝
　　　西寶雞戴家灣出土，上海博
　　　物館藏，腹上乳丁突起，作
　　　長刺狀，是西周早期青銅器
　　　特有的紋飾

圖85　戰國早期，甬鐘，1978年曾
　　　侯乙墓出土，枚均侈出較
　　　高，作乳丁狀

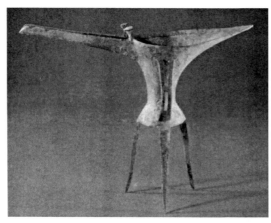

圖 86　二里頭文化，乳丁紋爵，1975
　　　年河南偃師二里頭出土，偃
　　　師縣文化館藏

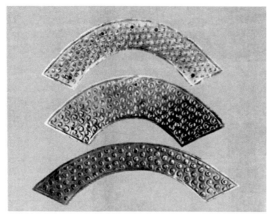

圖 87　戰國早期，穀紋玉璜，信陽
　　　楚墓出土，紋飾不刻意求工
　　　而自有規矩

圖 88　商朝時期，陶簋，河南鄭州
　　　出土，河南省博物館藏，腹
　　　部有三周弦紋和雲雷紋

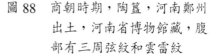

圖 89　西周時期，陶瓦，陝西扶風
　　　出土，筒瓦表面在交錯的繩
　　　紋上用雙線刻劃出精美的
　　　雲雷紋圖案

圖90　商朝後期，直紋觶，1969年
　　　河南安陽殷墟西區出土，中
　　　國社會科學院考古研究
　　　所，安陽工作隊藏，圈足飾
　　　雲紋

圖91　西周早期，雲紋簋，1976年
　　　江蘇丹陽司徒出土，鎮江市
　　　博物館藏，腹飾兩道雲紋

圖 92　殷商晚期，玉人，殷墟婦好
　　　墓出土，標本 371，衣上飾
　　　雲紋

圖 93　殷商晚期，玉人，殷墟婦好
　　　墓出土，標本 372，衣紋上
　　　有雲紋及蛇紋

圖94 殷商晚期，玉龍，殷墟婦好墓出土，身飾雙線陰刻雲紋，有如雞心形狀

圖95 殷商晚期，玉虎，殷墟婦好墓出土，身飾雙線陰刻雲紋，有雙頭式形狀

圖96　西周時期，玉虎，陝西寶雞強國茹家庄墓出土，虎身飾陰線雲紋

圖 97　戰國初期，圭形玉佩，浙江紹興 306 號墓出土

圖 98　戰國初期，銅屋（北壁及西壁），浙江紹興 306 號墓出土，紋飾多作勾連雲紋，圖騰柱四面飾 S 形勾連雲紋

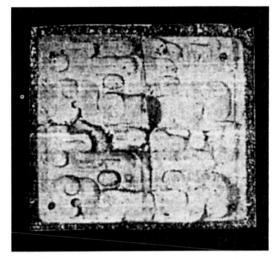

圖 99　戰國初期，方形玉飾，浙江紹興 306 號墓出土，正面浮雕以卷雲紋為地的饕餮紋

圖 100　戰國時期，玉佩飾，山西長治分水嶺 126 號墓出土，陰線雕刻雲紋呈相互勾連狀

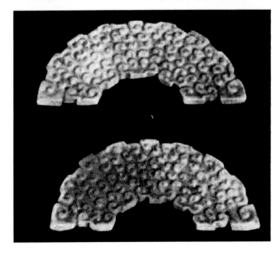

圖 101　戰國初期，玉璜，山西潞城縣潞河墓出土，周邊刻方齒，並兩面飾卷雲紋

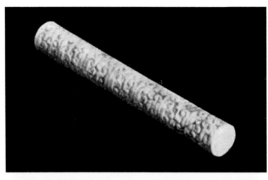

圖102　戰國初期，玉棒，山西潞
　　　城縣潞河墓出土，器面分
　　　七節，每節刻一組雲紋

圖103　戰國初期，矮圓柱，山西
　　　潞城縣潞河墓出土，器面
　　　分飾二組卷雲紋及雲渦
　　　紋

圖104　戰國時期，玉瑗，陝西旬
　　　陽楚墓出土，兩面雕刻雲
　　　紋

圖 105　戰國早期，璜形透雕玉佩，信陽楚墓出土，紋飾左右對稱，並陰刻雲紋，
　　　　其透雕處作雲紋形制

圖 106　商朝晚期，饕餮紋甗，1977 年河北藁城臺西出土，河北省文物研究所藏，
　　　　圈足飾目雷紋

圖 107　西周早期，伯簋，1974
　　　　年北京房山琉璃河出
　　　　土，首都博物館藏，低
　　　　圈足，飾目雷紋

圖 108　商朝時期，白陶豆，河南
　　　　鄭州出土，刻有雲雷紋飾
　　　　及圓形連續圖案，並呈渦
　　　　紋形狀

圖 109　商朝晚期，禺卣（蓋面），
　　　　1957 年山東長清興復河
　　　　出土，山東省博物館藏，
　　　　蓋及器口下飾渦紋

圖 110　西周早期，班簋，首都博物館藏，頸飾渦紋

線圖 1　戰國早期，彩繪木俑，信陽楚
　　　　墓出土，木俑的腹部以下，飾
　　　　有珠、璜、彩環、彩結等串成
　　　　的佩玉

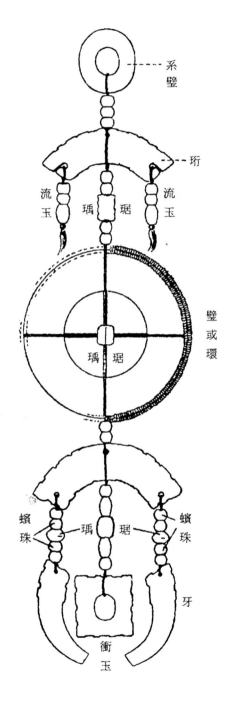

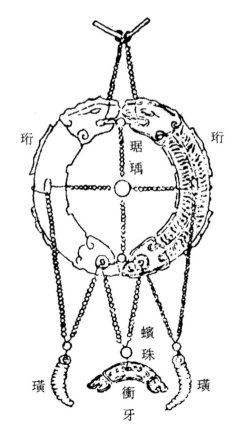

線圖 3　「黃」之想像圖，郭沫若擬　　線圖 2　戰國時期佩玉復原圖，郭寶鈞繪

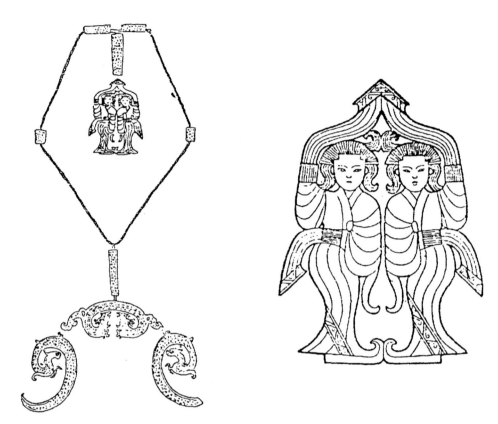

線圖 4　戰國時期，玉佩飾，洛陽金村韓墓出土，現存美國弗利爾美術館

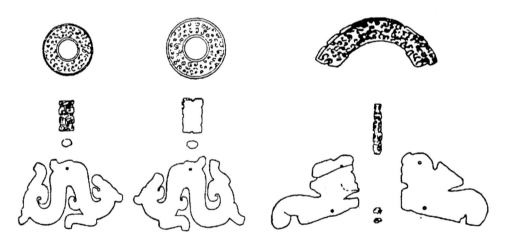

線圖 5　戰國時期，玉佩飾，洛陽中州路　線圖 6　戰國時期，玉佩飾，洛陽中州
　　　　2717 號墓出土，以玉璧、鎏玉、　　　　　　　路 2717 號墓出土，以玉璜爲
　　　　紫晶珠、虯龍形玉佩串成　　　　　　　　　　擊領，並分別串繫長條玉、料
　　　　　　　　　　　　　　　　　　　　　　　　珠、獸形玉

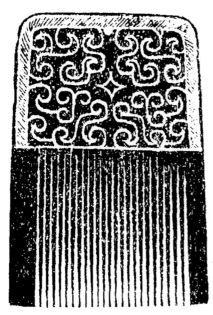

線圖 7　戰國早期，玉梳，曾侯乙墓出
　　　　土，形制成熟，兩面陰刻雲紋
　　　　和斜線紋

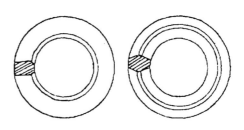

線圖 8　戰國時期，玉環，廣西田東出
　　　　土，兩面好的周圍突起一圈唇

線圖 9　戰國時期，玉環，山東泰安康
　　　　家河村出土，玉環斷面呈八稜
　　　　形和抹角方形

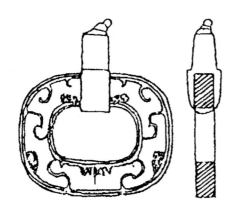

線圖 10　戰國時期，橢圓形玉環，河南
　　　　　淮陽平糧台 16 號楚墓出土，
　　　　　雕工極精，玉環上有一個金紐

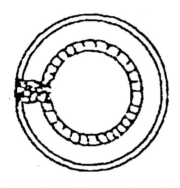

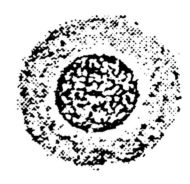

線圖 11　東周時期，玉環，河南洛陽
　　　　出土，在兩面緊靠環孔的圓
　　　　圈內，有似刻度盤的刻畫

線圖 12　東周時期，玉瑗，侯馬盟誓
　　　　遺址出土，當時祭祀之物

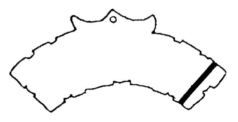

線圖 13　戰國時期，玉璜，河南淮陽
　　　　平糧台 16 號楚墓出土，形
　　　　如扇面，兩端呈一直線

線圖 14　戰國時期，玉璜，武漢市漢
　　　　陽熊家嶺楚墓出土，外治正
　　　　中有一穿及兩翹首，各邊並
　　　　有方形缺口

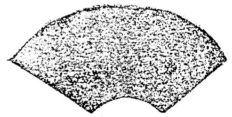

線圖 15　戰國晚期，玉璜，安徽長豐
　　　　楚墓出土，形如橋形，中間
　　　　窄、兩端寬

線圖 16　東周時期，玉璜，侯馬盟誓
　　　　遺址出土，呈扇形而邊寬，
　　　　應是祭祀之用

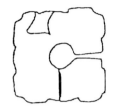

線圖 17 戰國時期，玉玦，廣西武鳴
馬頭安等秧山出土，玉玦外
緣有對稱的牙邊

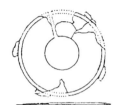 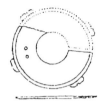

線圖 18 戰國時期，玉玦，廣西田東
墓葬出土，邊緣雕琢四個對
稱的雲形花芽

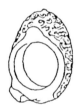 

線圖 19 戰國時期，玉韘，河南洛陽
中州 2717 號墓出土

線圖 20 戰國時期，玉管，武漢市漢
陽縣熊家嶺楚墓出土，器身
中間穿一圓孔，四周都有缺
口

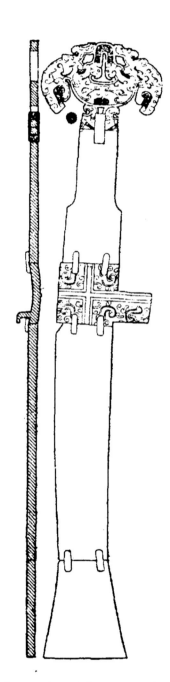

線圖 21 戰國早期，玉劍，曾侯乙墓
出土，劍身通體用玉，各節
以金屬連接

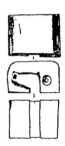

線圖 22　良渚文化，玉帶鉤，上海青
　　　　浦縣福泉山出土

線圖 23　良渚文化，玉帶鉤，浙江餘
　　　　杭縣反山出土

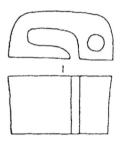

上：側視圖　　下：俯視圖

線圖 24　良渚文化，玉帶鉤，浙江餘
　　　　杭縣反山出土

線圖 25　戰國晚期，包金嵌玉銀帶
　　　　鉤，河南輝縣固圍村 5 號
　　　　墓出土

線圖 27　戰國早期，獸面紋玉琮，曾
　　　　侯乙墓出土，器表四面各陰
　　　　刻一個獸面紋，射上陰刻橫
　　　　S 紋，並間飾陰刻的網紋

線圖 28　戰國初期，玉琮，山西潞城
　　　　縣潞河墓出土

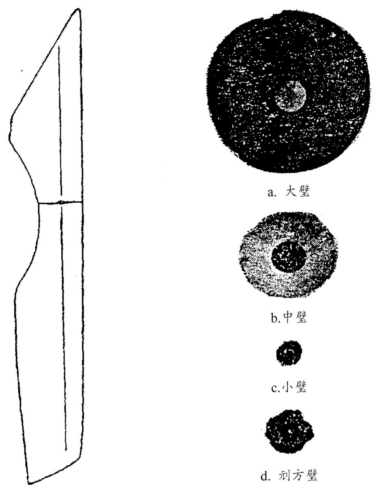

a. 大璧

b. 中璧

c. 小璧

d. 刓方璧

線圖 29　戰國時期，玉璋，山西侯馬
　　　　　上馬墓地出土，一側有刃，
　　　　　另一側中部內凹成弧形

線圖 30　東周時期，玉璧，侯馬盟誓
　　　　　遺址出土，其中，厚度有薄
　　　　　如紙者

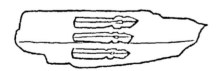

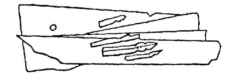

線圖 31　東周時期，圭和矢狀器的組合物，侯馬盟誓遺址出土，可能是宗教
　　　　　一類的信物

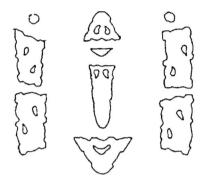

線圖 32　東周時期，人架臉部玉片，
　　　　　河南燒溝 637 號墓出土

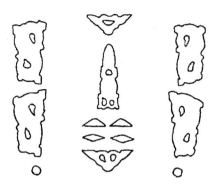

線圖 33　東周時期，人架臉部玉片，
　　　　　河南燒溝 651 號墓出土

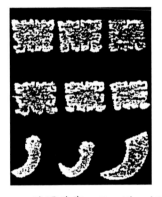

線圖 34　戰國時期，玉口琀，河南新
　　　　　野曾國墓出土，有獸形、魚
　　　　　形、三角形，是製作較好的
　　　　　工藝品

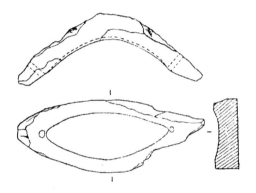

線圖 35　戰國早期，玉口塞，曾侯乙
　　　　　墓出土

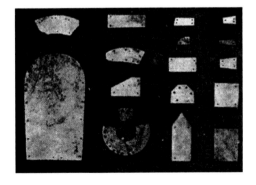

線圖 36　漢朝時期，玉衣片，山東東
　　　　　平王陵山出土，碎者不計，
　　　　　共 1647 片，漢白玉製成，
　　　　　邊角均有孔，孔內殘留鏽蝕
　　　　　的銅絲痕跡

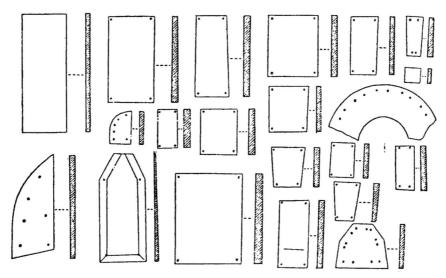

線圖 37　漢朝時期，玉衣片，河北蠡縣出土，共 222 片，白玉製成，邊角
　　　　均穿孔，孔內殘留鏽蝕的銅絲痕跡

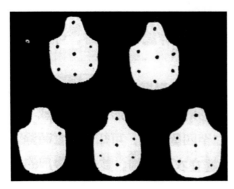 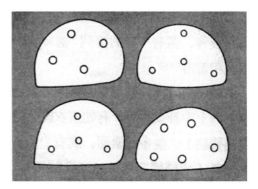

線圖 38　西漢時期，玉衣片，江蘇徐州北洞山出土，計 50 餘枚，以凸字形鱗狀
　　　　玉片為主，每片均有穿孔，極為罕見

a. I 式玉片

b. II 式玉片

線圖 39　戰國早期，玉片，曾侯乙
　　　　墓出土

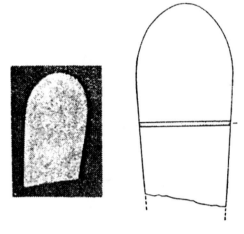

線圖 40　戰國初期，長圓形玉片，山西　　線圖 41　戰國初期，長方形玉片，
　　　　潞城縣潞河墓出土　　　　　　　　　　　　山西潞城縣潞河墓出土

線圖 42　戰國時期，透雕人形玉飾（拓　　線圖 43　戰國時期，猛虎食人玉佩，
　　　　本），天津市藝術博物館藏，　　　　　　　中國歷史博物館藏，佩身尚
　　　　雙面紋飾作人形　　　　　　　　　　　　殘存朱砂痕跡，色彩鮮艷

線圖 44　戰國時期，雙龍首璜，山西
　　　　長治分水嶺 126 號墓出土，
　　　　龍首方形

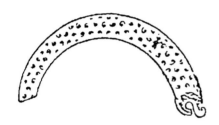

線圖 45　戰國時期，穀紋龍，天津市
　　　　藝術博物館藏，橋曲形，雙
　　　　鉤橢圓眼，上唇短

線圖 46　戰國時期，雙龍首璜，天津
　　　　市藝術博物館藏，淺浮雕，
　　　　方翹耳，無眼，張口，上唇
　　　　翹卷，下唇內卷，內端有回
　　　　卷紋，身有不規則排列的雲
　　　　紋、穀紋

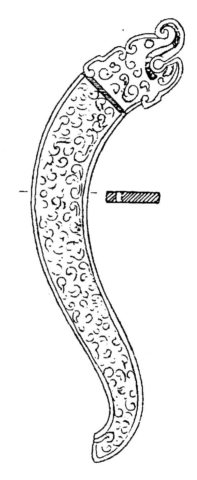

線圖 47　戰國初期，玉龍佩，山西潞
　　　　城縣潞河墓出土，龍身作 S
　　　　形，龍頭昂起，截面扁方，
　　　　周身飾浮雕卷雲紋

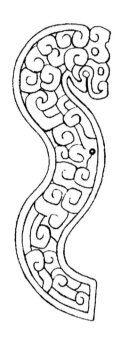

線圖 50　戰國時期，雙龍雙鳳佩，美國納爾遜美術館藏，二翼龍合身拱起呈橋曲形，附雕以嘴相連的二立鳳，龍有尖翹卷角，橄欖形眼，閉口

線圖 48　戰國初期，玉龍佩，山西潞城縣潞河墓出土，回首平尾，滿身飾卷雲紋

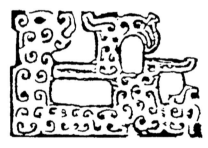

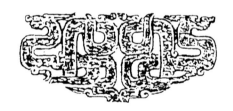

線圖 51　戰國時期，雙龍四螭佩，天津市藝術博物館藏，鏤雕及陰線刻出二龍相背相連，並以四螭交錯

線圖 49　春秋時期，雙龍形璏，天津市藝術博物館藏，器身厚重，鏤雕二龍曲折相連，左右二龍首，方耳，浮雕橢圓眼，張口，上唇翹卷，下唇尖翹，內端有回卷紋，一肢，不分爪，有肘毛，身浮雕不規則排列的穀紋、雲紋、絲束紋，爲戰國曲龍先導

線圖 52　戰國時期，龍鳳饕餮佩，鏤雕與陰線細刻，龍鳳兩兩相連，中間夾一饕餮。龍目尖翹，橄欖形眼，閉口

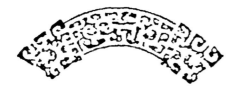

線圖 53　戰國時期，雙龍首璜，天津
　　　　市藝術博物館藏，方龍首，
　　　　小圓眼，張口，上唇上卷，
　　　　下唇內斂，刻有絲束紋，身
　　　　有不規則排列的雲紋，龍首
　　　　紋

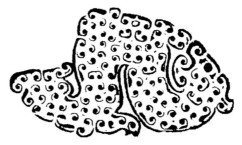

線圖 54　戰國早期，穀紋卷龍佩，曾
　　　　侯乙墓出土，曲身回首，呈
　　　　W 形，龍體較寬，張口

線圖 55　戰國時期，龍形玉佩，河南
　　　　淮陽平糧台 16 號楚墓出土

線圖 57　戰國晚期，雙龍玉璜，安徽
　　　　長豐楚墓出土，龍首下有鬚

線圖 56　戰國早期，雙龍佩，曾侯乙
　　　　墓出土，透雕卷龍作張口吐
　　　　舌狀，長舌並陰刻成蛇形

線圖 58　戰國早期，虎形玉佩，曾侯
　　　　乙墓出土，一面陰刻虎紋，
　　　　另一面陰刻鳥首

線圖 59　戰國初期，玉虎，浙江紹興
　　　　306 號墓出土

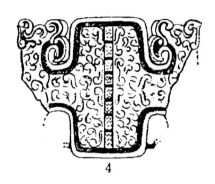

4

線圖 60 戰國初期，牙形玉佩，浙江
紹興 306 號墓出土，方頭，
尾稍殘，一件頭部似虎首

線圖 61 戰國初期，玉佩，山西潞城
縣潞河墓出土，正面中部
爲長方形，兩邊爲回首虎
形，飾卷雲紋

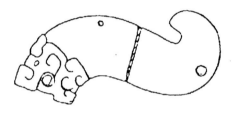

線圖 62 戰國時期，玉虎，山西侯馬
上馬墓地出土，虎俯首卷
尾，腹部及尾部各有一圓穿

線圖 63 戰國時期，獸形飾，河南洛
陽西郊 1 號墓出土

線圖 64 戰國時期，鸚鵡形玉佩，河
南輝縣固圍村 2 號墓出土

線圖 65 戰國時期，孔雀形玉鳥，河
南輝縣固圍村 6 號墓出土

線圖 67　戰國時期，玉魚，山西侯馬
上馬墓地出土，兩面飾蟠螭
紋，豎穿一孔

線圖 66　戰國初期，蟬形玉佩，浙江
紹興 306 號墓出土，方首尖
尾，雙面淺浮雕或陰刻卷雲
紋

線圖 68　戰國時期，玉魚，山西侯馬
上馬墓地出土，兩面飾蟠螭
紋

線圖 69　戰國中期，石板刻雙螭紋，
河北平山中山王國墓出
土，雙螭相交錯，上螭有絲
束紋，下螭身有雙線紋貫
通，並滿飾鱗紋，曲握形
爪，與戰國玉雕龍、鳳爪相
同

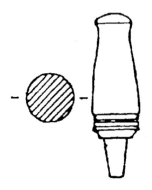

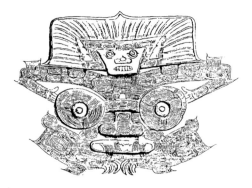

線圖 70　良渚文化，玉鑽形器，上海
　　　　青浦福泉山出土，圓柱上部
　　　　有三條平行弦紋，其下有一
　　　　條深槽

線圖 71　良渚文化，玉琮神徽紋飾，
　　　　浙江餘杭反山出土

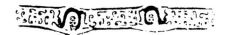

線圖 72　戰國早期，玉方鐲，曾侯乙
　　　　墓出土

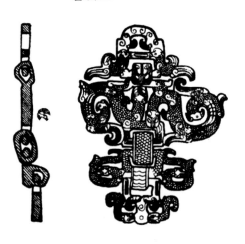

線圖 73　戰國早期，四節龍鳳玉佩，
　　　　曾侯乙墓出土，在器表的第
　　　　二節上，陰刻出龍鳳的細部
　　　　和四條蛇

線圖 74　戰國早期，十六節龍鳳玉掛
　　　　飾，曾侯乙墓出土

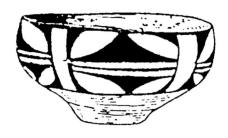

線圖 75　仰韶文化，彩陶，河南廟底
　　　　溝出土，器腹彩繪花葉紋飾

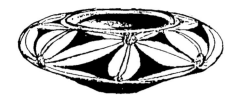

線圖　77　大汶口文化，花卉紋彩陶
　　　　　缽，1976 年江蘇邳縣大墩
　　　　　子出土

線圖　78　大汶口文化，花卉紋彩陶
　　　　　盆，1966 年江蘇邳縣大墩
　　　　　子出土

線圖　76　馬家窯文化，彩陶，甘肅出
　　　　　土，器身以葉紋爲飾

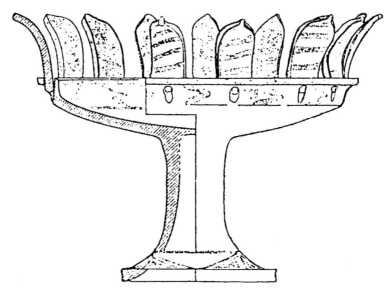

線圖 79　春秋時期，彩繪陶豆，河南新鄭李家村出土，器身作仰蓮形式

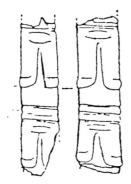

線圖 80　二里頭文化，殘玉器，河南
　　　　偃師二里頭出土，上有柿蒂
　　　　紋和突起弦紋

線圖 82　殷朝早期，柳葉形玉飾，
　　　　1958 年河南安陽大司空村
　　　　出土

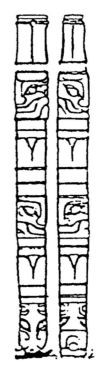

線圖 81　二里頭文化，玉柄形飾，河
　　　　南偃師二里頭出土，中節琢
　　　　成花瓣紋

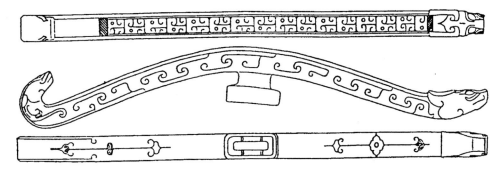

線圖 83　東漢時期，玉帶鉤，河北定縣北庄出土，帶鉤背面有線刻四葉紋飾

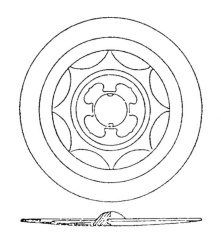

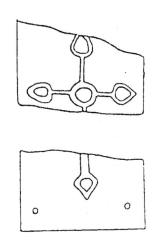

線圖 84　東漢時期，鐵鏡，河北定縣　　　　線圖 85　漢朝時期，玉片，山東五蓮
　　　　　北庄出土，背面作圓鈕四葉　　　　　　　　　張家仲崮出土，上琢草葉紋
　　　　　紋飾

線圖 86　戰國早期，1-119 號編鐘紋
　　　　　飾，信陽楚墓出土，在半球
　　　　　狀凸起的乳丁紋飾上，有圓
　　　　　點如乳頭凸起

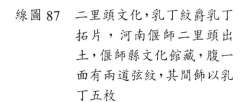

線圖 87　二里頭文化，乳丁紋爵乳丁拓片，河南偃師二里頭出土，偃師縣文化館藏，腹一面有兩道弦紋，其間飾以乳丁五枚

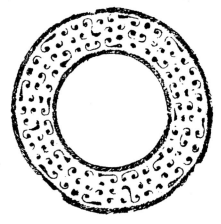

線圖 88　戰國早期，編鐘紋飾，信陽楚墓出土，信陽楚墓編鐘除1-119號鐘較爲繁複外，其餘編鐘乳丁上皆作旋轉紋

線圖 89　戰國早期，穀紋環，曾侯乙墓出土，器表浮雕穀紋，並以長芽穀紋作爲區域畫分的符號

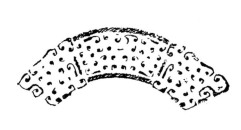

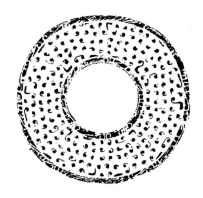

線圖 90　戰國早期，穀紋璜，曾侯乙墓出土，浮雕穀紋，左右對稱工整

線圖 91　戰國早期，穀紋璧，曾侯乙墓出土，器表浮雕穀紋，並以長芽穀紋作爲區域畫分的符號

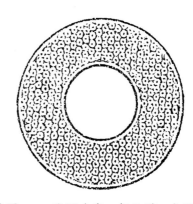

線圖 92　戰國時期，玉龍，河南輝縣出土，穀紋排列不齊、多變

線圖 93　戰國晚期，穀紋璧，安徽長豐楚墓出土，穀紋排列緊密整齊

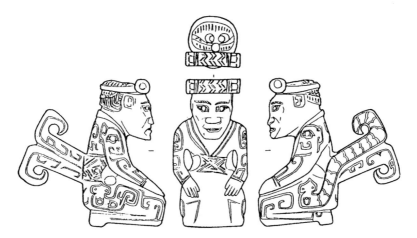

線圖 94　殷商晚期，玉人，殷墟婦好墓出土

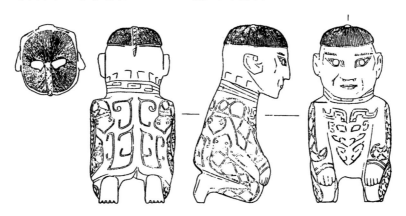

線圖 95　殷商晚期，玉人，殷墟婦好墓出土

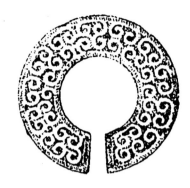

（M306：101）

線圖98　戰國早期，雲紋玦，曾侯乙墓出土，兩面雕刻雲紋，內、外緣並陰刻斜線紋

（M306：72）

線圖96　戰國初期，圭形玉佩，浙江紹興306號墓出土，雙面飾卷雲紋

線圖99　戰國早期，雲紋玦，曾侯乙墓出土，單面雕刻雲紋，僅外緣陰刻斜線紋

（M306：64）

線圖97　戰國初期，璜形玉佩，浙江紹興306號墓出土，單面飾半浮雕卷雲紋，紋飾左右對稱，間或有羽毛狀的細微紋飾

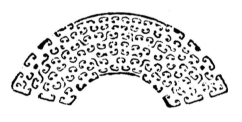

（E.C.11：103）

線圖100　戰國早期，雲紋璜，曾侯乙墓出土，兩面雕刻雲紋，兩端各有七個方形缺口

（E.C.11：150）

線圖 101　戰國早期，雲紋璜，曾侯
　　　　　乙墓出土，兩面雕刻雲
　　　　　紋、缺口各四

（E.C.11：169）

線圖 102　戰國早期，雲紋璜，曾侯
　　　　　乙墓出土，兩面雕刻雲
　　　　　紋，缺口各四

（E.C.11：214）

線圖 103　戰國早期，雲紋璜，曾侯
　　　　　乙墓出土，兩面陰刻雲紋

（E.C.11：204）

線圖 104　戰國早期，金縷玉璜，曾
　　　　　侯乙墓出土，紋飾多肥厚
　　　　　圓滿，形如臥蠶，兩面雕
　　　　　刻

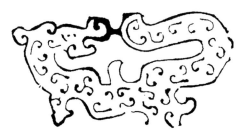

線圖 105　戰國早期，雲紋卷龍佩，
　　　　　曾侯乙墓出土，單面飾雲
　　　　　紋，並有三個雲紋相連如
　　　　　旋轉狀

線圖 106　戰國早期，雲紋卷龍佩
　　　　　（殘），曾侯乙墓出土，
　　　　　有兩個雞心式雲紋相勾
　　　　　連

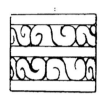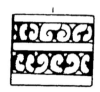

線圖 108　戰國初期，矮圓柱，山西
　　　　潞城縣潞河墓出土

線圖 107　戰國初期，玉棒，山西潞
　　　　城縣潞河墓出土

線圖 109　戰國時期，玉佩飾，江西
　　　　清江出土，兩面刻雲紋夾
　　　　有羽紋

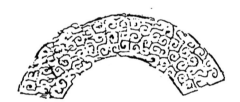

線圖 110　戰國時期，玉璜，江西清
　　　　江出土，兩面刻雲紋

線圖 111　戰國時期，方形玉佩，河
　　　　南淮陽平糧台 16 號楚墓
　　　　出土

線圖 112　戰國時期，玉璜，河南淮
　　　　陽平糧台 16 號楚墓出
　　　　土，紋飾左右對稱，雕刻
　　　　有雲紋紋飾

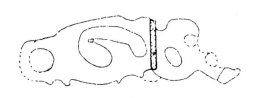

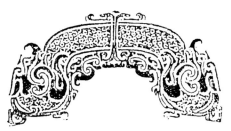

線圖 113　春秋時期，鏤空玉飾（殘），廣西武鳴馬頭元龍坡出土，中間鏤空卷雲紋

線圖 114　戰國晚期，玉佩，安徽長豐楚墓出土，紋飾有整齊的斜線如界格狀

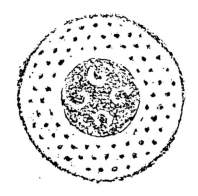

線圖 115　戰國早期，雙龍玉佩，曾侯乙墓出土，透雕成左右兩條對稱的卷龍，兩面並陰刻 S 形紋

線圖 116　戰國晚期，玉劍首，1959年河南沈丘附近出土，器表周圍作穀紋，中爲渦紋（報告作雲紋）